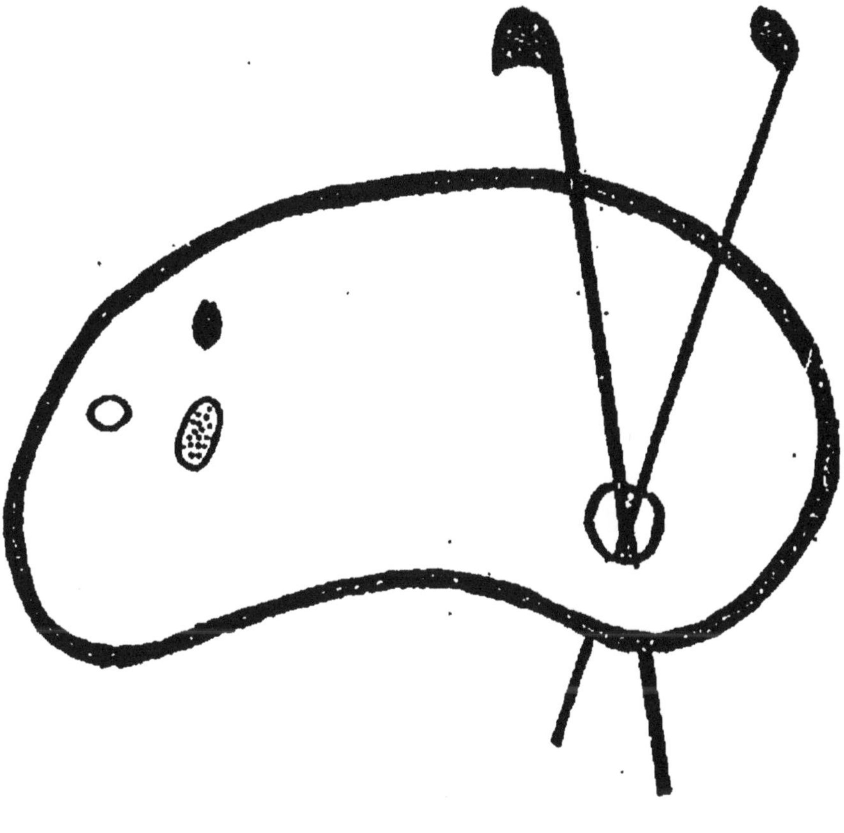

LE TRÉSOR

DES ENFANTS

LE TRÉSOR
DES ENFANTS

DIVISÉ EN TROIS PARTIES

LA MORALE, LA VERTU, LA CIVILITÉ

PAR

PIERRE BLANCHARD

Trente-sixième Édition

Ménagez l'amour-propre d'autrui.

PARIS

LAPLACE, SANCHEZ ET Cie, LIBRAIRES-ÉDITEURS

3, rue Séguier.

1876

PRÉFACE

L'étude de nos devoirs est la plus utile que nous puissions faire, et un père ne peut la négliger pour ses enfants, ou un instituteur pour ses élèves, sans se rendre coupable. Certainement, beaucoup de gens sont honnêtes et vertueux sans s'être donné la peine d'étudier ce que c'est qu'honnêteté et vertu : c'est là une de ces prévoyances admirables du souverain Être, qui a tellement disposé les choses, que, quelque ignorants que nous soyons, nous ne le sommes jamais assez pour ne point distinguer le bien du mal ; mais entre deux personnes également bien intentionnées, celle qui a réfléchi sur ses devoirs, qui s'est pénétrée de leur importance, et qui s'est convaincue du danger qu'il y a à ne point les suivre, celle-ci, dis-je, tiendra plus fortement à ces mêmes devoirs, les remplira avec plus d'exactitude, et en éprouvera une satisfaction d'autant plus vive, qu'elle connaîtra toute l'étendue du bien qu'elle a fait. Cette raison seule prouve l'importance de cette étude. On ne peut la faire commencer trop tôt aux enfants : dès que leur esprit se sent assez de force pour raisonner leurs actions, il faut les diriger vers le bien par les lumières mêmes de leur raison. S'y prendre avant cette époque, ce serait les ennuyer en pure perte ; attendre plus tard, c'est courir le risque de trouver la place prise par quelque mauvais principe ou quelque inclination répréhensible : la tâche alors serait plus difficile et moins fructueuse.

Je n'ai qu'un mot à dire de l'intention de

mon ouvrage. J'y ai réuni tout ce qui doit entrer dans la conduite de l'homme, et par rapport à lui, et par rapport à ses semblables, c'est-à-dire les principes de la *morale*, de la *vertu* et de la *civilité*. Ces trois objets ont des rapports trop essentiels entre eux pour être traités séparément ; j'ai cru bien faire de les présenter dans un même tableau, et mon ouvrage m'a semblé devoir en être plus utile.

Les personnes accoutumées à réfléchir sauront seules ce qu'il m'en a coûté pour mettre certaines pensées métaphysiques à la portée des enfants. Je ne sais si j'ai réussi à cet égard, mais je puis dire que j'ai fait tous mes efforts. Ce qui ne tombe pas précisément sous les sens est presque toujours inintelligible pour l'enfance : c'est pour cette raison que j'ai employé tant de comparaisons, de suppositions, et que j'ai eu recours à des exemples, chaque fois que je l'ai pu. Je n'ai pas craint non plus de rendre mon style vulgaire, si je puis m'exprimer ainsi, et prolixe, quand j'y ai été forcé pour me faire mieux entendre. Le meilleur, dans ces sortes d'ouvrages, n'est pas d'écrire avec élégance et précision, mais d'écrire de manière à ce qu'il ne reste rien de louche dans l'esprit des jeunes lecteurs : on ne s'est jamais expliqué avec trop de détails, et une redondance qui blesse une oreille délicate n'est pas inutile quand elle sert à soutenir l'attention de l'enfant sur l'objet principal de sa lecture. Je n'ai pas craint non plus d'expliquer minutieusement et avec importance des vérités devenues triviales ; on ne doit pas oublier que ce qui est connu de tout le monde est encore neuf pour l'enfance.

Je termine en avouant que je me suis servi, pour la troisième partie de cet ouvrage, d'un petit livre fort connu, intitulé *Civilité puérile.* J'en ai pris tout ce que j'ai trouvé de bon et de convenable à nos mœurs actuelles. Je pense en ceci comme le sage *Rollin :* il importe peu qui donne une chose utile, pourvu qu'elle fructifie. Il ne me reste maintenant qu'à renouveler le vœu que j'ai exprimé à la tête des autres ouvrages que j'ai donnés pour l'éducation : c'est que le fruit de mes veilles contribue à l'instruction et au bonheur de quelques êtres. Si, dans un autre temps, un homme, aujourd'hui enfant, me dit : *Je vous dois quelque amour pour la vertu*, ce sera alors que je serai pleinement payé des peines que je me suis données.

LE

TRÉSOR DES ENFANTS

PREMIER ENTRETIEN

INTRODUCTION

De la Société.

Mes enfants, vous voilà déjà grands, dit un jour un père de famille à son fils, âgé de douze ans, et à sa fille qui en avait onze : il est temps que vous connaissiez la conduite que doivent tenir dans la *Société* les personnes qui y veulent vivre avec honneur.

— O mon cher papa, dit le fils, que nous appellerons *Paulin*, vous savez combien nous aimons à nous instruire, surtout auprès de vous. Apprenez-nous à être bons et aimés comme vous l'êtes : ce sera un grand service que vous nous aurez rendu.

— Pour commencer notre instruction, veuillez, mon cher papa, reprit la petite *Félicie,* nous expliquer ce que l'on entend par la *Société.*

LE PÈRE DE FAMILLE.

Votre question me fait plaisir, ma fille; elle marque l'envie que vous avez de vous instruire.

Par le mot *Société*, pris dans le sens qui lui convient, on entend la réunion des hommes vivant entre eux sous les mêmes lois. Une comparaison, ou plutôt une supposition, vous fera mieux saisir ce que je veux vous expliquer.

Imaginez un moment que les hommes ne vivent plus dans les liens de cette société : ils sont dès lors répandus par toute la terre comme les animaux; ils passent à côté les uns des autres, comme les ours passent à côté des ours, sans se rien dire, sans même se regarder, ou plutôt ils ne se rencontrent que pour s'entre-déchirer. Combien le genre humain est alors misérable! L'homme réduit à lui seul n'a que ses forces pour soutien : il ne peut bâtir une maison; il faut qu'il se contente d'une caverne ou d'un arbre creux pour asile. Sans industrie, sans émulation, et n'ayant personne pour lui filer et tisser la laine, il n'a qu'une peau d'animal pour vêtement, sa nourriture dépend de la chasse. Il cueille les fruits avant qu'ils soient mûrs, dans la crainte qu'un autre ne vienne les enlever; si, lorsque la faim le fait courir après quelque animal, sa proie vient à tenter un autre malheureux de son espèce, voilà un combat qui s'élève entre eux, parce que tous deux ignorent ce que c'est que justice, et qu'ils n'ont à craindre la vengeance d'aucune loi. Le plus fort, dans ce cas, est le plus heureux; et l'homme craignant toujours d'être le plus faible, tremble au seul aspect de son semblable, plus terrible pour lui que les bêtes féroces. Tel serait le genre humain si les liens de la société étaient brisés.

PAULIN.

O mon Dieu! est-ce que les peuples que les voyageurs appellent sauvages sont réduits à un état aussi misérable?

LE PÈRE DE FAMILLE.

Non, mon fils: cet état ne convient qu'aux animaux. L'homme est destiné à un sort plus noble; son caractère le porte à rechercher son semblable, et ses besoins l'y forcent. Les peuples qu'on nous peint comme des *sauvages* ne sont que des hommes grossiers, qui ignorent les arts et les agréments de la civilisation, mais qui connaissent les premiers et les principaux avantages de la société. Ils ont des lois ou des coutumes qui en tiennent lieu, et leurs droits sont assurés, et mutuellement respectés.

FÉLICIE.

Je crois, mon papa, comprendre maintenant ce que c'est que la société. Cela veut dire l'état où se sont réunis les hommes pour se soutenir mutuellement et empêcher les méchants de faire impunément le mal.

LE PÈRE DE FAMILLE.

C'est effectivement la base de la société. Les hommes, ainsi réunis, sont devenus plus forts et plus heureux. Stimulés par le besoin et par l'émulation, chacun d'eux inventa quelque chose d'utile, s'en fit un état qu'il exerça à l'avantage de la société, et reçut, en échange de son travail, ce qui lui était nécessaire et qui sortait des mains des autres.

PAULIN.

Je comprends aussi : l'un fut cultivateur, l'autre maçon, l'autre tailleur, etc. ; et le cultivateur paya en blé la maison que lui bâtit le maçon, l'habit que lui fit le tailleur, etc. J'ai lu, dans l'histoire de plusieurs peuples à demi sauvages, qu'ils ne faisaient ainsi leur commerce que par des échanges. Mais ce moyen d'échange devait avoir de grandes difficultés ; il arrivait sans doute que celui qui, par exemple, avait du blé à vendre, s'adressait à une personne qui ne voulait point céder sa marchandise pour cette denrée; alors le marché ne se faisait point, et le besoin n'était pas satisfait. L'expérience fit sentir la nécessité d'avoir recours à un moyen qui rendît plus faciles les opérations du commerce : ce fut alors que l'on imagina la monnaie d'or, d'argent ou de tout autre métal, qui représentât la maison, l'habit ou le blé.

LE PÈRE DE FAMILLE.

Vous comprenez parfaitement. Maintenant, observez quelles sont les bases morales de cet édifice, et vous saurez comment il faut se conduire pour être honnête homme. Ces bases morales sont : *Ne fais pas à autrui ce que tu ne veux pas qu'on te fasse, et fais aux autres ce que tu veux qu'il te soit fait.* Ainsi, le sauvage, trouvant mauvais et injuste qu'on le chassât de son asile et qu'on lui ravît sa proie, s'abstint de commettre la même injustice envers son semblable, pour être respecté dans sa propriété : voilà pour la première base; c'est le fondement de toutes les lois. Le même sauvage, remarquant qu'on ne lui donnait une chose qui lui était utile que lorsqu'il en présentait une autre également utile, travailla pour pouvoir jouir du travail d'autrui ; il porta des secours à son semblable, pour avoir le droit de lui en demander dans le temps de ses besoins : voilà pour la seconde base, et c'est le principe du commerce ou de l'échange des nécessités de la vie ; c'est la source des avantages et des agréments de la société.

Souvenez-vous bien de ces deux principes, mes enfants ; ce sont ceux sur lesquels on juge toutes les actions humaines.

PAULIN.

Cela veut dire, mon papa, que, pour remplir ses devoirs, il faut d'abord s'abstenir de rien prendre à autrui, de lui causer aucune peine ; et ensuite faire aux autres tout ce qu'ils nous ont fait de bien.

LE PÈRE DE FAMILLE.

C'est cela. Toute la *morale* consiste donc

à ne point faire le mal, et à rendre le bien que l'on nous a fait : voilà ce qui constitue l'*honnête homme*.

Mais ce n'est point assez de ne point faire le mal et de rendre le bien que l'on nous a fait : il faut encore savoir faire des sacrifices généreux, c'est-à-dire sans espoir d'en être jamais récompensé par un pareil sacrifice. C'est alors la *vertu*, c'est-à-dire le courage d'être utile à ses semblables *gratuitement*, et même contre son propre intérêt. Ainsi, un homme est près de périr dans un incendie ou dans un torrent; pour le sauver, il faut exposer ses jours, et vous élancer au milieu du péril, quoique presque certain que cet infortuné ne vous rendra jamais le même service : un autre est dans l'indigence; vous avez peu, mais vous partagez ce peu pour le secourir : vous adoptez un orphelin, vous défendez courageusement l'innocence opprimée; enfin vous préférez le bonheur de votre prochain au vôtre même : voilà ce qui constitue l'*homme vertueux*.

PAULIN.

En suivant à la rigueur, dans toutes ses actions, les deux principes de la *morale*, s'abstenir de faire le mal et rendre le bien, et en y ajoutant, chaque fois que l'occasion s'en présente, les sacrifices généreux auxquels la *vertu* nous engage, a-t-on rempli tous les devoirs de l'homme ?

LE PÈRE DE FAMILLE.

Oui, mon fils, parce que ces principes s'étendent à toutes les circonstances de la vie, comme je vous l'apprendrai bientôt. Il reste cependant encore quelques devoirs à remplir.

PAULIN.

Et quels sont ces devoirs ?

LE PÈRE DE FAMILLE.

Ceux de la *civilité*.

FÉLICIE.

Expliquez-nous cela par une de ces comparaisons qui nous font si bien saisir ce que vous voulez nous apprendre.

LE PÈRE DE FAMILLE.

Supposez, mes enfants, un homme qui remplit avec exactitude les devoirs de la morale et de la vertu, sans y ajouter ceux de la civilité : il respecte les droits de ses semblables, honore ses parents, leur sert d'appui, et oblige son prochain, se sacrifie pour tout le monde, et rend à Dieu les hommages dont est capable la faible humanité : c'est un être digne du respect des hommes et des récompenses du ciel : heureux, cent fois heureux qui lui ressemble ! Pourquoi n'a-t-il pas un peu de cette politesse qui rend la vertu plus aimable ? Il me paraît dès lors un diamant de prix que l'ouvrier a mal travaillé. J'ai quelque peine à lui voir faire le bien sans grâce ; je suis fâché que quelques personnes se plaignent de ce qu'il entre dans une société sans saluer, de ce qu'il se place au premier endroit qu'il rencontre, de ce qu'il est d'une malpropreté qui répugne, de ce qu'enfin il a l'apparence de ne pas assez respecter les autres, lui qui est prêt à mourir pour eux, si sa mort peut leur être utile. Ce qui lui reste à faire est la moindre chose, mais je l'engage fortement à ne pas la négliger. La civilité n'est rien pour la vertu réelle : il importe sans doute assez peu que j'ôte ou que je laisse mon chapeau, que je m'asseye d'une façon ou d'une autre ; mais ces égards sont des signes de respect pour mes semblables ; ils leur font même quelque plaisir; cela seul me fait un devoir d'être civil, suivant que l'usage l'exige. La propreté que j'observe dans mes habits et mes actions épargne à ceux qui sont près de moi des sensations désagréables. Cette propreté est alors une vertu, puisqu'elle est un bien pour autrui. Le salut obligeant que je donne à l'infortuné le rapproche de moi et le met plus à son aise : car ne croyez pas, mes enfants, que la politesse ne doive s'exercer qu'envers nos supérieurs et avec nos égaux ; un bon cœur prend aussi plaisir à user des mêmes égards envers ceux que la fortune a laissés au-dessous de nous : par ce moyen, il les relève à leurs yeux, et adoucit en quelque sorte le sort de la fortune à leur égard. Enfin, la civilité rend plus agréable et plus facile le commerce des hommes entre eux : elle ne tient lieu d'aucune vertu, mais elle les propose quelquefois, elle force au moins les hommes vicieux à dérober aux yeux du public la laideur de leurs actions, et à nos oreilles l'indécence de leurs pensées. C'est beaucoup : il ne faut donc point chercher à secouer les chaînes légères dans lesquelles elle nous retient.

Voici, mes enfants, les trois points principaux qui feront le sujet de nos entretiens :

La morale, ou la nécessité où nous sommes de ne point faire le mal, et de rendre à autrui le bien qu'il nous a fait ;

La vertu, ou le courage de faire le bien gratuitement, et même contre notre intérêt ;

La civilité, ou les formes extérieures de l'homme dans la société.

PREMIÈRE PARTIE

DE LA MORALE

DEUXIÈME ENTRETIEN

Devoirs envers Dieu.

LE PÈRE DE FAMILLE.

Nous allons d'abord vous entretenir des devoirs moraux de l'homme. Quel est, mes enfants, celui que vous croyez qu'il faut remplir avant tout ?

FÉLICIE.

O mon papa ! le premier devoir est d'aimer et de respecter ses parents, et, quand on a un père aussi bon que l'est le nôtre, ce devoir est la plus douce jouissance.

LE PÈRE DE FAMILLE.

Et vous, Paulin, quel est votre sentiment ?

PAULIN.

Puis-je en avoir un autre que celui de ma sœur ? N'est-ce pas de ses parents que l'on tient les premiers biens, que l'on reçoit les premières caresses.

LE PÈRE DE FAMILLE.

Mes enfants, quelque agréable que soit pour moi votre amour, je ne dois point cependant tenir la première place dans votre cœur. Je suis votre père, mais vous en avez un autre : c'est celui de toutes les créatures ; c'est Dieu, qui non-seulement donne la vie, mais qui la soutient encore par sa bienfaisance continuelle. C'est de lui que tout vient ; c'est à lui que tout doit remonter. Que vos cœurs, qu'il a animés, s'élèvent donc sans cesse vers lui ! Rien ne serait plus ingrat que d'user des bienfaits sans connaître le bienfaiteur. Ah ! mes enfants, si vous voulez être parfaitement heureux, que la reconnaissance habite sans cesse avec vous ! Cet élan de l'âme qui cherche le ciel, ces mots qui s'échappent de ma bouche : *O mon Dieu ! vous nous avez acca-*

blés de grâces, soyez mille fois béni! cet élan, ces mots rendent plus douce la jouissance des bontés du Créateur : on croit, alors, y avoir quelque droit.

FÉLICIE.

Oh ! que cela est bien vrai ! Quand je viens de prier de bon cœur, je me sens toujours persuadée que je suis un enfant de la Divinité.

LE PÈRE DE FAMILLE.

Et tu te crois alors meilleure que dans les autres instants : n'est-ce pas vrai, ma fille ?

FÉLICIE.

Dans ces moments, je suis capable de faire tout le bien qui est en mon pouvoir.

LE PÈRE DE FAMILLE.

Heureux effets de la piété sincère ! O mes bons amis ! n'oubliez jamais que c'est de Dieu que vous tenez tout, et que c'est encore de lui que vous recevrez, dans un autre monde, la récompense ou le châtiment des actions que vous aurez faites dans celui-ci.

Pour règle principale, ne passez jamais

un jour sans adresser vos prières au Créateur de l'univers. C'est une grande gloire pour nous, qui sommes si peu de chose, que d'avoir le droit d'élever la voix vers Celui qui est au-dessus de tout ; ce doit encore être un nouveau motif de reconnaissance.

Chaque jour dont vous jouissez est un grand bienfait : à votre réveil, ne manquez donc pas d'en rendre des actions de grâces ; ce doit être votre première pensée. Le soir, que vos derniers moments soient encore employés à louer la Divinité ; vous jouirez ensuite d'une tranquillité plus vraie, parce que vous aurez rempli un devoir sacré. Dieu n'a pas besoin de vos prières, mais vous, vous avez besoin de le prier, et je puis vous le prédire, tant que vous le prierez avec un plaisir bien senti, et non par une vaine habitude, vous trouverez tous les devoirs de l'humanité plus faciles et plus agréables à remplir.

TROISIÈME ENTRETIEN

Des devoirs envers les père et mère.

FÉLICIE.

Après Dieu, nos parents ont certainement la première place. Je suis bien sûre, cette fois-ci, de ne pas me tromper.

LE PÈRE DE FAMILLE.

Non, ma fille.

PAULIN.

Pour ce qui est des devoirs des enfants envers leurs père et mère, nous les connaissons bien; notre cœur nous apprend cela aussitôt que nous sommes en état de les remplir. Laissez-nous les expliquer; vous nous reprendrez si nous disons mal. Il faut d'abord aimer ses parents plus encore que soi-même : car on doit se sacrifier pour eux, si cela est nécessaire. Ils ne nous donnent pas seulement le jour, ils veillent encore sur la faiblesse de notre premier âge; ils sont pour nous, sur la terre, comme Dieu est dans le ciel pour tous les hommes : aussi devons-nous les respecter comme des divinités protectrices.

Comme ils ne vivent que pour notre bonheur, leurs ordres doivent être sacrés pour nous; nous devons toujours croire que ce n'est pas pour exercer leurs droits qu'ils nous commandent, mais pour diriger nos actions au bien : ainsi, murmurer contre la volonté de ses parents est une faute, et leur désobéir est un crime. L'assiduité et le zèle qu'ils exigent que nous apportions à nos études ne sont pas pour le plaisir de nous tourmenter; c'est pour que nous devenions dignes de vivre parmi les hommes. N'a-t-on pas besoin de savoir une infinité de choses pour se conduire avec honneur dans le monde ? Si les parents ou les maîtres ne punissaient pas la paresse des enfants, ceux-ci ne resteraient-ils pas toujours ignorants ? et les ignorants ne sont-ils pas méprisés ? ne sont-ils pas obligés d'avoir recours, à chaque instant, aux gens instruits ? Que deviendrait donc, par la suite, l'enfant qui n'est pas riche, et que l'on ne contraindrait pas à apprendre un état qui doit le faire vivre ? ce serait un fainéant qui n'aurait que la misère à espérer, et qui peut-être deviendrait un fripon. Le petit gourmand, à qui on laisserait sa vilaine habitude, se donnerait des indigestions qui abrégeraient ses jours, et serait par la suite un ivrogne et un homme méprisable qui ne penserait qu'à manger et qui se ruinerait en repas. L'enfant colère deviendrait un furieux, et peut-être un assassin. Celui qui dérobe les jouets de ses compagnons s'accoutumerait à voler l'argent d'autrui. Les punitions infligées à propos déracinent ces vices naissants; et c'est ainsi que la sévérité bienfaisante de nos parents, en nous préservant de pareils malheurs, nous rend actifs, instruits et vertueux. Oh! gardons-nous bien de jamais résister à la volonté de ceux qui nous ont donné le jour, et surtout de maudire leur main, quand elle nous châtie.

FÉLICIE.

Mon frère, il faut que je t'embrasse pour avoir dit de si bonnes choses. Je n'avais jamais été un instant sans aimer notre papa et notre maman; mais j'avoue que je trouvais quelquefois injuste que l'on me punît pour quelques petites gourmandises ou certaines envies de paresse. Tu m'as éclairée, Paulin. Je vois bien que tu es mon aîné, car tu te montres le plus sage. Veux-tu me permettre d'achever le tableau d'un enfant qui remplit ses devoirs envers les auteurs de ses jours?

L'amour et le respect doivent être les bases de la conduite d'un enfant; mais s'il aimait sans jamais le témoigner, et s'il était respectueux sans s'astreindre aux formules qui marquent le respect, il aurait grand tort; car il ôterait à ses parents la douce satisfaction de s'apercevoir combien ils sont aimés et respectés. O mon cher papa! quand nous venons vous embrasser, la bonté avec laquelle vous recevez nos caresses me fait croire qu'elles contribuent à votre bonheur : il me semble donc qu'un enfant ne doit pas s'en tenir aux bons sentiments qui s'élèvent dans son cœur, il doit encore les manifester. Que chaque matin il vienne s'informer si ses parents jouissent d'une bonne santé, et que tous les soirs il leur souhaite un heureux repos. Manquer à un devoir aussi léger, c'est la marque d'une indifférence d'autant plus coupable qu'elle peut affliger un bon père et une mère tendre. Mais si son père le bénit chaque jour comme vous nous bénissez, qu'il soit dans le plus profond respect : car c'est la volonté de Dieu même qui s'exprime par la bouche des parents vertueux *.

* Quelques personnes respectables ont la coutume de bénir leurs enfants avant de les envoyer au lit. Cette coutume, que j'ai vue presque généralement établie en Flandre et en Hollande, doit être reçue dans les maisons de tous les gens de bien. Le père qui, chaque soir, fait approcher ses enfants, étend la main sur leurs têtes et prie un moment en silence pour qu'ils soient honnêtes et heureux, ce père ne paraît plus un mortel ordinaire ; c'est, aux yeux de sa fa-

LE PÈRE DE FAMILLE.

Très-bien, mes enfants ! Ce que je viens d'entendre a réjoui mon cœur ; je vois que vous voulez que ma vieillesse soit heureuse.

Mais jusqu'à présent, mes bons amis, vous ne parlez que des parents qui aiment leur famille, et marchent dans le sentier de la justice : il existe malheureusement

mille, l'agent même de la Divinité, celui qui a le droit d'attirer du ciel le bien ou le mal sur son enfant. Cette action simple n'est rien moins qu'indifférente : outre qu'elle donne une autorité plus grande aux parents, elle inspire la vertu et devient la sauvegarde des bonnes mœurs. On ne bénit point son fils sans vouloir paraître respectable à ses yeux ; et, quand on ne porte pas en soi le germe de la dépravation, on ne reçoit jamais la bénédiction de son père sans désirer d'en être digne. Et croyez-vous que le souvenir de ce moment religieux ne soit pas dans la suite la jouissance la plus délicieuse ? Cette jouissance ne sera point stérile : elle fera aimer le bien et donnera la honte du mal. Combien cette coutume serait encore un puissant moyen d'éducation au pouvoir d'un père raisonnable ! « *Mon fils*, dirait-il, *je ne puis vous bénir aujourd'hui, vous avez manqué à vos devoirs.* » Ces paroles, sur un cœur bien né, feraient l'impression de la foudre. (*Voyez la figure placée en tête de cet ouvrage.*)

quelques hommes qui n'ont aucun des sentiments les plus naturels, ou qui, par leurs vices et leurs crimes, sont rangés dans une classe vouée à l'infamie et à la haine publique : que doivent faire alors les enfants ?

PAULIN.

Je plains beaucoup ces enfants, s'ils sentent leur malheur : il est bien triste de ne pouvoir respecter son père.

LE PÈRE DE FAMILLE.

Sans doute; mais un enfant bien né, tout en gémissant sur les fautes de ses parents et en suivant une route opposée, doit bien se garder de les mépriser : ce serait de sa part un crime. S'il ne peut les rappeler à la vertu par ses conseils, il doit garder le silence; il doit surtout, autant qu'il lui est possible, couvrir leurs torts et les dérober aux yeux du public. Mépris et haine à l'enfant qui révèle la faute de son père et de sa mère ! et malédiction à celui qui, oubliant la voix de la nature, va les accuser devant les hommes. Rien ne peut nous délier du respect que nous devons aux auteurs de nos jours. Je veux à ce sujet vous rapporter l'action d'un jeune homme qui ne craignit pas de remplir son devoir, dans une circonstance où mille autres auraient été retenus par une coupable honte. (*Ce trait est de* 1817.) Les prisonniers de la maison de force de *Vienne* remplissaient les tristes et humiliants travaux auxquels ils sont condamnés et balayaient les rues de la ville, lorsqu'un jeune homme s'approcha de l'un deux et lui baisa tendrement les mains. Un seigneur qui, de sa fenêtre, fut témoin de cette action, fit appeler le jeune homme, et lui dit qu'on ne baisait point la main d'un prisonnier de la maison de force. — Eh ! répondit le jeune homme en fondant en larmes, *si ce prisonnier est mon père!* Combien il y avait de courage et de tendresse dans cette réponse! Un orgueilleux et un ingrat se fussent empressés de fuir l'infortuné vieillard ; ce bon et respectueux fils ne vit que le malheur de son père, et oublia la honte de sa situation.

Paulin a dit qu'il fallait savoir, au besoin, se sacrifier pour ses parents : trop d'enfants ingrats, au contraire, ne sentent pas plus tôt qu'ils peuvent se passer de leurs secours, qu'ils les abandonnent et les laissent quelquefois languir dans une vieillesse indigente. Je veux vous offrir un tableau contraire.

Une femme restée veuve avec trois garçons ne subsistait que de leur travail, et ce travail suffisait à peine à l'étendue de leurs nécessités. Le spectacle d'une mère qu'ils chérissaient, en proie à des besoins auxquels ils ne pouvaient fournir, leur fit concevoir et prendre la résolution la plus étrange. On avait publié, depuis peu, que quiconque livrerait à la justice l'auteur de certain vol toucherait une somme considérable. Les trois frères convinrent entre eux que l'un des trois passerait pour le voleur, et que les deux autres le mèneraient au juge. Ils tirèrent au sort, et il tomba sur le plus jeune. Il se laissa lier et conduire comme un criminel. Le magistrat l'interroge ; il répond que c'est lui qui a fait le vol; on le fait conduire en prison, et ceux qui l'ont livré touchent la somme promise. Leur cœur s'attendrit alors sur le malheur de leur frère; ils trouvent le moyen d'entrer dans la prison; et, croyant n'être vus de personne, ils se jettent entre les bras de ce malheureux frère, l'embrassent tendrement et l'arrosent de leurs larmes. Le magistrat, que le hasard y avait conduit et qui les aperçut dans cette attitude, est sans doute surpris d'un spectacle si nouveau. Il donne commission à un de ses gens de suivre les délateurs, et il lui enjoint expressément de ne les point perdre de vue qu'il n'ait découvert de quoi éclairer un fait aussi singulier. Le domestique s'acquitte fidèlement de cette commission, et rapporte qu'ayant vu entrer ces deux jeunes gens dans une maison, il s'en était approché et les avait entendus raconter à leur mère ce qu'ils venaient d'exécuter pour elle; que la pauvre femme, à ce récit, avait jeté des cris lamentables, et qu'elle avait ordonné à ses enfants de reporter l'argent qu'on leur avait donné, disant qu'elle aimait mieux mourir de faim que de conserver la vie aux dépens de celle de son fils. Le magistrat, pouvant à peine croire ce qu'on lui raconte, fait venir aussitôt son prisonnier, l'interroge de nouveau sur le prétendu vol, le menace même du plus cruel supplice; mais le jeune homme persiste à se déclarer coupable.

« Ah! c'en est trop! lui dit le magistrat en se jetant à son cou! enfants vertueux! votre conduite m'étonne. » Il va aussitôt faire son rapport à l'empereur. Charmé d'une action aussi héroïque, ce prince voulut voir les trois frères, les combla de caresses, donna au plus jeune une pension assez considérable et une moindre à chacun des deux autres. C'est ainsi, ô divine Providence! que vous avez nombre de moyens pour faire, comme il vous plaît, éclater la vertu, et pour protéger l'innocence.

Voilà l'histoire de la piété filiale. La fortune met rarement les hommes à de pareilles épreuves; mais la nature commande aux enfants de ne pas craindre de les subir, quand il s'agit de sauver la vie des auteurs de leurs jours. Terminons par un tableau d'un genre différent : c'est celui d'un vieillard vertueux et d'un fils sensible; il fera un véritable bien à nos âmes. Prenez ce livre et lisez, Félicie.

FÉLICIE, *recevant le livre et lisant.*

MYRTILE *.

« Pendant une belle soirée, Myrtile était allé visiter l'étang voisin, dont les eaux réfléchissaient l'éclat de la lune. Le calme profond des campagnes éclairées par cette douce lumière et les tendres accents du rossignol l'avaient retenu longtemps plongé dans un ravissement tranquille. Mais il revint enfin dans le berceau de pampres verts, situé dans sa cabane solitaire; il trouva son vieux père qui sommeillait paisiblement au clair de la lune. Le vieillard était couché sur le gazon; sa tête grise était appuyée sur une de ses mains. Myrtile

* Idylle de Gessner.

s'arrêta devant lui, les bras croisés l'un sur l'autre. Il garda longtemps cette posture; sa vue restait constamment fixée sur son père : seulement il regardait de temps en temps le ciel à travers le feuillage, et des larmes de joie coulaient de ses yeux.

« O toi, dit-il, toi que j'honore le plus « après les dieux, ô mon père ! comme tu « reposes doucement ! Que le sommeil du « juste est riant ! Tu as sans doute porté « tes pas chancelants hors de la cabane « pour célébrer le soir par de saintes « prières, et tu te seras endormi en priant. « Tu auras aussi prié pour moi, ô mon « père ! Ah ! que je suis heureux ! les dieux « entendent ta prière ; car autrement, pour« quoi notre cabane serait-elle à l'abri de « tout danger, et ombragée par des ra« meaux courbés sous le poids de leurs « fruits ? Pourquoi la bénédiction du ciel « serait-elle sur nos troupeaux et sur les « productions de nos champs ? Lorsque, « satisfait de mes faibles soins pour le re« pos de ta vieillesse cassée, tu verses des « larmes de joie; lorsque, tournant tes

« regards vers le ciel, tu me donnes ta bé-
« nédiction d'un air content, ô mon père !
« de quels sentiments je suis alors péné-
« tré ! ma poitrine s'enfle, et des larmes
« pressées ruissellent de mes yeux. Encore
« aujourd'hui, quittant mes bras pour aller
« hors de ta cabane te ranimer à la cha-
« leur du soleil, et contemplant autour de
« toi le troupeau bondissant sur le gazon,
« les arbres chargés de fruits, et la ferti-
« lité répandue sur toute la contrée : Mes
« cheveux, disais-tu, se sont blanchis dans
« la joie. Campagnes chéries, soyez bénies
« à jamais ! mes regards obscurcis n'ont
« plus encore longtemps à vous parcou-
« rir ; bientôt je vous quitterai pour d'au-
« tres campagnes plus heureuses. Ah !
« mon père, mon meilleur ami, je dois
« donc bientôt te perdre ! O triste pensée !
« Alors, hélas ! j'érigerai un autel à côté
« de ta tombe ; et, toutes les fois qu'il me
« luira un jour propice, où j'aurai pu faire
« du bien à quelque infortuné, ô mon
« père ! je répandrai du lait et des fleurs
« sur ton monument. »

« Il se tut, et regarda le vieillard avec des yeux mouillés de larmes. « Comme « il est étendu paisiblement ! comme il « sourit au milieu de son sommeil ! Ah ! « sans doute, ajouta-t-il en sanglotant, « ses actions vertueuses, retracées dans « ses songes, ont fait remonter sur son « front l'expression de la bienfaisance. « Quel doux éclat répand la lune sur sa « tête chauve et sur sa barbe argentée ! « Oh ! puissent les vents frais du soir, « puisse la rosée humide ne te faire aucun « mal ! »

« A ces mots il lui baise le front pour l'éveiller doucement, et le conduire dans la cabane pour lui procurer, sur des peaux molles, un sommeil plus commode. »

QUATRIÈME ENTRETIEN

Des devoirs envers ses frères et ses semblables.

LE PÈRE DE FAMILLE.

Après nos père et mère, personne ne nous est plus proche que nos frères et sœurs : nous devons donc les aimer comme nous-mêmes : « *Ce sont*, a dit un homme d'esprit, *des amis que nous donne la nature.* » N'est-il pas honteux de voir cela dans tant de familles divisées par les jalousies et les haines ! Cette réunion d'enfants sous le même toit, sous la même loi d'un père et d'une mère, cette réunion, qui devrait faire naître l'amitié la plus tendre, est précisément ce qui, dans les cœurs mal disposés, développe les germes pernicieux. Voyez ce que devient l'enfant jaloux qui envie les caresses que l'on fait à ses frères, même après qu'il a été caressé lui-même ! Le petit misérable, triste, chagrin, passe ses jours à former des sentiments haineux contre ceux que la nature l'invite à aimer : affligé de la joie qu'il leur voit, il souffre encore plus de ce qu'ils ont qu'il ne jouit de ce qu'il possède lui-même. Il grandit avec ces pénibles sentiments, sa haine est alors celle d'un homme, et il ne voit dans son frère qu'un ennemi qui lui ravira une part des possessions de ses parents. Son père vient-il à mourir, il attend à peine que sa tombe soit fermée pour disputer avec aigreur, et peut-être avec violence, et ce qui lui revient et ce qui appartient aux autres. Dès qu'il a saisi cette triste dépouille, il s'éloigne ou se renferme en lui-même, et ne se souvient plus qu'il a des frères que pour continuer de les haïr ; s'ils sont plus malheureux que lui, il s'en réjouit ; s'ils réussissent, son tourment augmente. Ce misérable va même jusqu'à outrager la mémoire des auteurs de ses jours ; il les accuse d'avoir été injustes ; car, dans sa mauvaise foi, il ne veut point convenir que c'est dans son propre cœur qu'est l'injustice.

Telle est la situation horrible du mauvais frère ; et c'est presque toujours par jalousie qu'il le devient. Vous indiquer ce vice affreux, mes enfants, c'est vous apprendre à le haïr.

PAULIN.

Oh! mon cher papa, jamais des sentiments aussi odieux n'entreront dans nos cœurs. Vous n'aurez pas à craindre que vos enfants s'entre-haïssent et vous accusent d'une injustice qui vous aurait fait souffrir.

FÉLICIE.

Il est bien plus doux de s'aimer et de se réunir pour bénir la mémoire des auteurs de nos jours.

LE PÈRE DE FAMILLE.

Oui, ma fille, non-seulement ce sentiment est plus doux, mais il est encore le principe d'un grand nombre de vertus : il nous accoutume à l'humanité, à la bienfaisance, à la prévenance et à toutes les attentions qui mettent un charme de plus dans la société.

Écoutez bien ceci, mes enfants : les frères et les sœurs sont tenus de s'entr'aider. En général, il faut, au besoin, porter secours à son semblable ; mais, dans deux circonstances égales, si l'on ne peut se partager, il faut préférer son frère à l'homme qui ne nous est pas attaché par les liens du sang. Les plus jeunes doivent porter respect à leur aîné, non qu'il ait des droits plus sacrés que les leurs, mais parce que son âge lui donne une expérience qui peut leur être utile ; lui, de son côté, doit être leur protecteur ; il tient lieu du père en son absence ; si celui-ci meurt, il prend sa place dans le cas où son âge le lui permet : s'il abandonne l'enfance de ses frères, c'est un misérable que Dieu et les hommes condamneront. L'amitié entre les enfants d'un même père et d'une même mère n'est pas un simple sentiment qu'on soit libre d'adopter ou de rejeter : c'est un ordre de la nature, c'est un devoir auquel on ne peut manquer sans crime.

PAULIN.

Mais si mon frère repoussait mon amitié ?

LE PÈRE DE FAMILLE.

Ne l'en aimez pas moins, et gardez-vous bien de l'abandonner dans le temps de sa détresse. Il n'est pas toujours en votre disposition de plaire, mais il n'est aucun moment où vous ne puissiez être généreux : par ce mot de *généreux*, je ne veux pas dire que vous deviez l'obliger autant que sa situation l'exige, mais autant qu'il est en votre pouvoir.

Les devoirs qu'il faut remplir à l'égard du reste des hommes sont les mêmes que ceux dont on est tenu envers ses frères. Le genre humain est une immense famille ; on se doit de préférence à ses plus proches parents, mais on n'est dispensé de ses devoirs à l'égard de qui que ce soit.

Réfléchissez bien à l'instabilité des choses de ce monde et à la faiblesse de l'homme. Nous avons tous besoin les uns des autres : le plus riche croit n'avoir que faire de personne, parce qu'il paye tous les services qu'on lui rend ; et, dans le fait, l'indigence et l'avidité font que chacun s'empresse de lui être utile; mais, quelque grande que soit sa fortune, peut-il jurer qu'elle ne lui manquera jamais? Qui sait ce que le sort lui ménage ? Dans peu de temps, il sera peut-être pauvre à son tour, peut-être la faim viendra-t-elle le presser. Combien il se trouvera heureux alors de recevoir le secours qui le sauvera! Qu'il fasse donc aux autres, tandis qu'il le peut, le bien que, dans une circonstance semblable, il voudrait qu'on lui fît! Le bon *La Fontaine* nous a prouvé, par deux fables charmantes, celle du *Lion et le Rat* et celle de *la Colombe et la Fourmi*, qu'il ne faut jamais croire qu'on n'aura pas besoin d'un plus faible que soi. Paulin, récitez-nous la fable du *Lion et le Rat*.

PAULIN, *récitant.*

Il faut, autant qu'on peut, obliger tout le monde :
On a besoin souvent d'un plus petit que soi.
De cette vérité deux fables feront foi,
Tant la chose en preuves abonde.

Entre les pattes d'un lion,
Un rat sortit de terre assez à l'étourdie.
Le roi des animaux, en cette occasion,
Montra ce qu'il était, et lui donna la vie.
Ce bienfait ne fut pas perdu.
Quelqu'un aurait-il jamais cru
Qu'un lion d'un rat eût affaire ?
Cependant il advint qu'au sortir des forêts
Ce lion fut pris dans les rets
Dont ses rugissements ne le purent défaire.
Sire rat accourut, et fit tant par ses dents,
Qu'une maille rongée emporta tout l'ouvrage.
Patience et longueur de temps
Font plus que force ni que rage.

FÉLICIE.

Mon frère, je vais poursuivre la fable de *la Colombe et la Fourmi.*

Le long d'un clair ruisseau buvait une colombe,
Quand, sur l'eau se penchant, une fourmi y tombe,
Et dans cet océan l'on eût vu la fourmi
S'efforcer, mais en vain, de regagner la rive.
La colombe aussitôt use de charité :
Un brin d'herbe dans l'eau par elle étant jeté,
Ce fut un promontoire où la fourmi arrive.
Elle se sauve ; et là-dessus
Passe un certain croquant qui marchait les pieds nus.
Ce croquant, par hasard, avait une arbalète.
Dès qu'il vit l'oiseau de Vénus,

Il le croit en son pot, et déjà lui fait fête.
Tandis qu'à le tuer le villageois s'apprête,
La fourmi le pique au talon.
Le vilain retourne la tête :
La colombe l'entend, part et tire de long.
Le souper du croquant avec elle s'envole :
Point de pigeon pour une obole.

LE PÈRE DE FAMILLE.

Si notre faiblesse nous met dans la dépendance les uns des autres, et si par cela même la nature nous apprend que nous devons nous entr'aider, il ne faut point cependant que ce soit par un motif intéressé que nous apportions notre secours à autrui. Notre générosité doit être noble : nous devons faire le bien pour l'amour de l'humanité ; pour obéir à Dieu même, qui est notre père commun, et qui, dans sa justice immuable, pèse nos bonnes et nos mauvaises actions. Deux hommes se ressemblent ; celui qui se croit étranger à l'autre et l'abandonne, quand il implore son secours, est donc coupable : son propre cœur le condamne avec la terre.

CINQUIÈME ENTRETIEN

Ce qu'on doit à sa patrie.

LE PÈRE DE FAMILLE.

Ce que l'on doit à ses semblables, on le doit à sa patrie : c'est un même principe de morale.

Par la *patrie* on n'entend pas seulement le coin de terre qui nous a vu naître, mais tout le pays qui se trouve sous les mêmes lois : ainsi, un habitant de Lille et un habitant de Marseille sont de la même patrie, quoique l'un soit dans le nord et l'autre dans le midi de la France, et qu'il y ait une distance de plus de deux cents lieues d'une ville à l'autre. Or, tous les hommes d'une même patrie sont comme des enfants d'une mère commune ; dans un sens, ils sont liés par les devoirs réciproques, comme les frères le sont entre eux.

Rappelez-vous ce que je vous ai dit des

bases de la société générale des hommes; celles de chaque État en particulier sont les mêmes : il s'agit toujours de l'union de tous pour la sûreté de chaque individu. Les lois sont faites pour assurer à tous les citoyens leurs propriétés et leurs droits : ainsi, dès que la patrie nous protége, nous devons nécessairement lui être dévoués.

Imaginez un instant un homme qui a voulu se soustraire aux lois de sa patrie : il est quitte des charges communes, ne paye point de contributions, ne va pas à la guerre, n'est enfin tenu à aucun des devoirs du citoyen : personne n'est plus indépendant que lui. Il n'est plus retenu que par le seul principe moral de *ne point faire le mal*. Croyez-vous qu'il ait gagné beaucoup à se débarrasser ainsi de tous les devoirs remplis par les autres hommes à l'égard de leur pays ? Écoutez ce qu'il en résulte. Un jour un fripon vient lui prendre son argent : notre indépendant court au magistrat, fait sa plainte et demande justice. « Je vois bien que l'on vous a volé, dit le magistrat; mais que voulez-vous que l'on fasse pour vous qui ne voulez rien faire pour les autres? » Ce que l'on donne à la patrie n'est qu'une avance pour s'assurer du secours au besoin. Si personne ne voulait payer sa contribution, pourrait-on solder des gardes pour surveiller les voleurs? pourrait-on entretenir des magistrats pour rendre la justice? Et si l'on secoue le joug des lois, comment chacun s'assurera-t-il la tranquillité de ses jours et la possession de ses biens? Vous voulez être seul; trouvez alors en vous des moyens équivalents à ceux de la société que vous abandonnez. L'homme est malheureusement méchant, mon ami; il faut le retenir : chacun sent cela intérieurement, parce que chacun est bien aise de garder ce qu'il a : il n'y a que les fripons (c'est-à-dire les fripons qui n'ont rien) qui trouveraient de l'avantage à renverser toutes les lois; mais ils ne se seraient pas plus tôt emparés du bien des honnêtes gens, qu'ils feraient des lois nouvelles pour s'assurer la jouissance tranquille de leur vol.

L'indépendant rentre chez lui, se met à

réfléchir ; il voit qu'en effet, en se dispensant de rien faire pour les autres, il a dispensé les autres de rien faire pour lui ; que sa maison, sa nourriture, sa vie même, sont à la disposition de tous ceux qui voudront les lui ravir ; qu'il est absolument réduit à lui seul, et qu'il n'a pas plus de protection à attendre que la bête farouche qui parcourt les forêts et que tout le monde a droit de tuer pour s'emparer de sa dépouille : il voit alors qu'il est tenu à des devoirs sacrés envers sa patrie, et que celui qui veut se soustraire à ses devoirs sans renoncer aux avantages des autres citoyens est réellement un malhonnête homme, qui consent à recevoir et refuse de rendre.

La supposition que je viens de présenter doit suffire pour vous faire connaître quelle est la nécessité publique et morale de remplir ses devoirs de citoyen ; j'ajouterai seulement que, outre l'impossibilité qu'il y a à se dispenser de ses devoirs, on fait encore un tort réel à ses concitoyens, sur qui retombe nécessairement le poids dont on est déchargé.

SIXIÈME ENTRETIEN

Ne faire aucun mal à autrui.

LE PÈRE DE FAMILLE.

Après vous avoir entretenus de ce que l'homme doit à ses parents, à ses semblables et à sa patrie, il faut vous dire un mot des principes qui naissent de la maxime fondamentale : *Ne fais pas à autrui ce que tu ne voudrais pas que l'on te fît*. J'aurais dû commencer par là : car il est essentiel de s'abstenir de faire le mal avant d'entreprendre de faire le bien ; mais j'ai voulu vous parler d'abord de nos devoirs envers la Divinité, et vous la montrer comme présidant à tout et devant obtenir le premier et le plus respectueux sentiment de nos cœurs. Les sujets les plus sacrés, après celui-là, se sont naturellement présentés ensuite, et c'est ainsi que nous avons parlé du bien avant de défendre le mal. Poursuivons maintenant; et d'abord expliquez, Paulin, ce que vous entendez par ces mots : *Ne fais pas à autrui ce que tu ne voudrais pas que l'on te fît.*

PAULIN.

J'entends que je ne dois point faire aux autres ce qui (si l'on m'en faisait autant) me porterait préjudice ou me ferait de la peine. Je serais très-fâché que l'on me frappât, que l'on prît ce qui m'appartient, que l'on dît du mal de moi, ou que l'on m'humiliât ; ainsi je ne dois rien prendre à autrui, je ne dois frapper personne, ni calomnier, ni humilier qui que ce soit.

LE PÈRE DE FAMILLE.

Les exemples que vous venez de présenter pour rendre votre explication plus claire serviront de division à notre entretien sur le sujet qui nous occupe. Commençons donc par expliquer ce que l'on entend par faire le mal dans la personne d'autrui.

Ne point offenser son prochain dans sa personne.

LE PÈRE DE FAMILLE, *poursuivant.*

Faire le mal dans la personne d'autrui, c'est le frapper, le blesser ou le tuer. Il y a dans l'action de frapper son semblable une véritable brutalité qui, en quelque sorte, ôte à l'homme son titre et son rang. C'est la colère qui nous pousse à cette action indigne : aussi vous voyez, mes enfants, combien il est important de réprimer les passions violentes qui s'élèvent en nous. C'est surtout dans la jeunesse qu'il faut faire cet effort sur nous-mêmes; car, quand une habitude dangereuse est enracinée, il en coûte davantage pour la détruire. La colère n'est qu'un vice, mais elle peut facilement entraîner aux plus grands crimes : lorsqu'une fois elle s'est emparée de l'homme, elle le transforme en un animal furieux qui ne connaît plus rien ; il frappe, il blesse; il va même, dans sa rage, jusqu'à donner la mort. Concevez donc quelle doit être la situation de ce malheureux, quand, revenu de son délire, il peut considérer avec calme le forfait qu'il vient de commettre! Combien il doit se détester! C'est alors qu'il se repent avec amertume de n'avoir point essayé de vaincre une passion aussi terrible. Le voilà coupable du plus grand crime, la justice humaine en va faire un exemple pour ceux qui n'ont pas plus d'empire que lui sur eux-mêmes; il a mérité le dernier supplice, et c'est sur l'échafaud qu'il expiera la coupable faiblesse qui l'a empêché de se corriger lorsqu'il en était temps. Mais, s'il échappe à la justice des hommes, il n'échappera pas de même à celle de la conscience : les remords le déchireront, et il aura sans cesse devant lui le cadavre de la malheureuse victime de sa fureur. Écoutez à ce sujet un trait historique, qui vous prouvera combien il est dangereux de se laisser aller à ces mouvements qui nous ôtent l'usage de notre raison.

Alexandre, roi de Macédoine, avait plusieurs belles qualités qui lui méritèrent le surnom de *Grand ;* mais ses passions, qu'il ne sut pas toujours vaincre, ternirent beaucoup l'éclat de sa gloire. Je ne vous parlerai que d'une de ses fautes, qui revient à notre sujet. *Clitus* était son meilleur ami, et il avait mérité ce titre par le zèle le plus sincère, et surtout pour lui avoir sauvé la vie dans un combat. Alexandre s'était toujours conduit à son égard en roi juste et en véritable ami : un moment de fureur lui fit oublier sa propre générosité et la fidélité de Clitus. Dans un festin où l'on faisait l'éloge de *Philippe*, père d'Alexandre, celui-ci osa se mettre lui-même au-dessus de son père : cette vanité, qui n'eût été que ridicule si elle ne fût pas née dans le cœur d'un fils, déplut à Clitus, et il eut l'imprudence de le témoigner : je dis l'imprudence, car que sert de chercher à corriger les hommes dans le moment où la leçon ne peut que les révolter? Quand la sagesse guide notre zèle, on attend l'occasion favorable. Alexandre, déjà échauffé par le vin, ne put entendre le moindre mot qui blessât son orgueil : il se leva furieux, menaça Clitus ; et, hors de lui-même, après quelques mots encore échappés de la bouche du trop sévère courtisan, il courut sur lui et lui plongea son épée dans le sein. Cette action cruelle glaça d'effroi tous les spectateurs : Alexandre en fut aussitôt épouvanté ; le sang de Clitus lui rappela que c'était celui de son plus sincère ami qu'il venait de répandre. Animé alors d'une fureur différente, c'est contre lui qu'il veut tourner son arme criminelle, et l'on peut à peine retenir son bras prêt à le frapper. Il se jette sur le corps de Clitus, l'embrasse étroitement, l'appelle comme s'il pouvait l'entendre, s'accuse de férocité; et, teint du sang de son ami, il se roule dans la poussière, sans vouloir rien entendre des paroles de consolation que lui adressent ses courtisans. Ainsi, par un seul mouvement de fureur, le plus grand roi de son temps se rendit l'être le plus misérable, et laissa à sa mémoire une tache que toute sa gloire ne peut effacer.

Remarquez aussi, mes enfants, que ce fut au milieu d'un repas qu'Alexandre commit ce crime : il avait déjà pris du vin au delà de ce qu'un homme raisonnable doit se permettre; peut-être que, s'il eût été de sang-froid, il eût pardonné à Clitus; plusieurs actes de modération de sa part doivent nous le faire croire. Jugez donc encore une fois combien il faut craindre de se livrer à ses passions. Celle du vin est aussi dangereuse que celle de la colère : ses suites la rendent même plus funeste; car, outre les excès où elle nous pousse dans le moment, elle nous entraîne à plusieurs vices, et finit par détruire notre santé. Il est même à croire que ce fut pour avoir trop pris de vin, que cet Alexandre dont nous venons de parler mourut à trente-deux ans : plusieurs historiens le pensent ainsi; quelques autres prétendent que c'est au poison qu'il faut attribuer sa mort.

Voilà un exemple éclatant de ce que peut la colère. Je ne vous parlerai point, mes enfants, des crimes commis par une vengeance trop longtemps méditée, ou par le désir de s'emparer du bien d'autrui. L'homme qui frappe ou qui donne la mort dans un mouvement de fureur a au moins pour excuse qu'une violente passion ôte la raison ; mais le misérable qui depuis longtemps médite le crime qui doit le venger, et celui qui assassine pour dépouiller sa victime, sont des scélérats chargés de la haine de tous les hommes, et qui périssent ordinairement sur l'échafaud. Détournons nos regards de ces monstres : votre âme, encore trop pure, n'imagine pas même de semblables horreurs.

Mes enfants, dans tous les temps, souvenez-vous que votre semblable est, comme vous, l'ouvrage de Dieu, et qu'il ne nous est jamais permis de porter la main sur lui ; surtout, que votre force ne vous engage pas à en abuser envers celui qui est plus faible ; car alors c'est une lâcheté digne du plus profond mépris.

PAULIN.

Mon papa, je ferai une petite observation. Si quelqu'un m'attaque ou pour me frapper ou pour m'ôter la vie, ai-je le droit de le frapper à mon tour? puis-je même lui donner la mort?

LE PÈRE DE FAMILLE.

C'est dans ce cas une juste défense qui vous arme, et les coups que vous rendez ne peuvent vous être imputés à crime. Cependant, s'il vous est possible de vous défendre avec moins de violence, faites-le : il y a une grande générosité à ne point rendre le mal pour le mal; surtout évitez de porter des coups mortels : quelque légitime que soit la défense, il est toujours cruel d'avoir à se souvenir qu'on a donné la mort à son semblable. Mais si vous ne voyez pas d'autre moyen de sauver votre vie, il faut bien vous y résoudre; vous êtes même obligé de le faire : car la loi naturelle nous ordonne de veiller à notre propre conservation; et, s'il est plus juste que le scélérat qui attaque succombe, il est aussi plus utile à la société que l'honnête homme soit sauvé.

Ne faire aucun tort au prochain dans ses biens.

LE PÈRE DE FAMILLE.

Il n'est pas plus permis de faire tort au prochain dans ses biens que dans sa personne ; et la raison que nous ne le devons pas faire vient toujours de ce que nous ne voudrions pas que cela nous arrivât. Je ne m'arrêterai point à vous prouver qu'il ne faut point dérober l'argent d'autrui : le nom seul de voleur vous inspire de l'horreur; mais je remarquerai que beaucoup de gens ne se font pas scrupule de prendre de petites choses et croient fermement n'être pas coupables. Que l'on prenne peu ou beaucoup, il n'importe : dès que l'on prend, on est un voleur *véritable*, et, pour règle certaine, soyez bien sûrs que celui qui prend peu de chose en disant : Que peut-on me faire pour un petit objet? prendrait davantage s'il était bien certain qu'il ne lui arrivât rien de fâcheux. Un honnête homme ne dérobe rien, non parce qu'il craint le châtiment, mais parce qu'il sait que c'est une action répréhensible.

Vous-mêmes, mes enfants, vous êtes peut-être tombés dans la faute des gens peu scrupuleux ; vous vous êtes sans doute quelquefois emparés sans façon des jouets de vos petits compagnons, et vous ne vous êtes jamais dit : Nous sommes des voleurs. Vous l'étiez cependant, car vous preniez ce qui ne vous appartenait pas ; vous ne pouviez, sous aucun rapport, être innocents, puisque vous saviez bien que vous affligeriez vos petits amis. N'aviez-vous pas pleuré, ne vous étiez-vous pas plaints vous-mêmes quand on vous avait pris quelque chose ?

Assez généralement encore les enfants se font peu de conscience de prendre des fruits dans les jardins et les vergers ; cependant, outre le vol dont ils se rendent coupables, ils ont encore à se reprocher le motif de cette vilaine action, qui est la gourmandise. Quelquefois même c'est chez les pauvres gens qu'ils vont dérober ces fruits; et les petits misérables enlèvent à des infortunés une partie de ce qui devait soulager leur misère.

Ce n'est pas tout : ces larcins, qu'ils croient si peu importants, les accoutument insensiblement à voler, leur font perdre cette délicatesse de sentiment que l'on doit apporter dans toutes ses actions, et les rendent, si ce n'est pas toujours des voleurs décidés, au moins des gens de mauvaise foi et des fripons qui guettent sans cesse l'occasion de faire tort aux autres sans courir de risque.

Gardez-vous donc bien de jamais toucher à ce qui ne vous appartient pas : le bien d'autrui est un objet sacré, respectez-le. Songez que, pour prendre, il ne s'agit pas de dire : Personne ne le saura. Vous le saurez, vous, et vous serez criminel à vos propres yeux. Dieu le saura aussi : rien n'est caché pour lui, et c'est le juge des actions les plus secrètes.

Loin de rien dérober à autrui, soyez plutôt prêt à sacrifier votre bien pour empêcher que celui des autres ne soit l'objet d'aucune injustice. Quand vous vous trouverez dans une situation telle, que votre propriété ou celle de votre voisin doive, par votre décision même, être perdue, ne balancez pas; souffrez la perte vous-même avec courage. Je vais vous offrir à ce sujet un trait qui plaira toujours aux belles âmes.

« Un paysan de l'île de Corse, dans un temps où la guerre affligeait ce pays, fut éveillé de très-grand matin par des hussards qui lui ordonnèrent de leur indiquer un champ pour y faire du fourrage. Le paysan leur dit aussitôt de le suivre, et les mena à travers plusieurs pièces de blé et de différents autres grains; il s'arrêta enfin devant un champ d'orge. — Et pourquoi, dit le chef du détachement, nous avoir conduits si loin quand nous pouvions trouver beaucoup plus près ce qu'il nous fallait? — *Les champs que nous avons vus*, répondit le Corse, *ne m'appartiennent point : je n'avais pas le droit de vous les indiquer; celui-ci est à moi, prenez-y ce qui vous est nécessaire.* »

Je n'ai pas besoin, mes enfants, de vous

faire sentir combien est beau ce trait de probité. Cet honnête Corse eût pu, sans crime, indiquer le premier champ qui se trouvait aux environs ; mais aller désigner le sien, c'est une vertu véritablement sublime.

FÉLICIE.

Avant de passer à un autre sujet, veuillez nous dire, mon cher papa, si une bourse, ou un objet précieux trouvé dans un lieu où il n'est pas possible de deviner qui a perdu cet objet, peut appartenir avec justice à celui qui en a fait la rencontre?

LE PÈRE DE FAMILLE.

Non, ma fille ; car on n'a rien fait pour gagner cet objet ou cet argent, et celui qui l'a perdu n'y a point renoncé. Dans ce cas, comme dans tous les autres, il faut juger pour autrui comme on jugerait pour soi. La perte nous afflige parce qu'elle nous amène des privations, et nous sommes très-contents quand on nous remet en possession de ce que nous avons perdu. Il faut donc, quand on a trouvé quelque chose, s'informer aussitôt si quelqu'un fait une réclamation : il faut soi-même faire savoir, autant qu'il est possible, que l'on a trouvé un objet d'une certaine nature, afin que le propriétaire apprenne où il doit s'adresser : la seule réserve qu'il importe de faire est de ne point désigner entièrement la chose trouvée, dans la crainte que quelque fripon ne vienne la réclamer avant le propriétaire. Je vais, suivant ma coutume, vous rapporter un trait qui vous fera mieux sentir comment un homme probe et délicat doit agir dans cette circonstance.

« En 1728, *Teing-Teg*, marchand de la province de Chenci, dans la Chine, allait à Mun-Teing pour y acheter du coton. Il avait une bourse de 170 onces d'argent, qu'il perdit en chemin, près de la montagne Song-Kia, et il continua sa route. Le lendemain matin un pauvre laboureur, nommé *Chi-Yeou*, alla travailler à la terre, près de la montagne dont nous venons de faire mention, et trouva la bourse. Il resta tout le jour à son travail, attendant qu'on vînt réclamer; personne ne parut. Sur le soir, de retour chez lui, il montre ce trésor à sa femme. — *Oh!* dit-elle, *il ne faut pas garder cet argent, il ne nous appartient pas: j'aime mieux vivre dans la pauvreté que d'avoir le bien d'autrui; tâche demain de découvrir celui qui a perdu cette bourse, et ne manque pas de la lui rendre.*

« *Teing-Teg* avait fait afficher aux portes et dans les carrefours de la ville la perte qu'il avait faite, en priant celui qui aurait trouvé son argent de le lui rapporter, et en s'obligeant de lui en donner la moitié. Le laboureur, instruit de ces affiches, court chez le capitaine du quartier, lui apprend qu'il a trouvé la bourse, et l'engage à faire venir chez lui le marchand pour s'assurer, par les réponses qu'il fera à ses questions, si cette bourse est la sienne. Le marchand arrive, *Chi-Yeou* est convaincu que la bourse lui appartient; il la lui rend. La moitié lui est offerte, conformément aux promesses consignées dans les affiches, et elle est refusée. Le marchand sépare 85 onces d'argent et veut les laisser : nouveau refus. Le propriétaire prend une autre tournure pour marquer sa reconnaissance : il met d'un côté 107 et 63 de l'autre. Il avoue qu'il a emprunté 107 onces, mais que les 63 lui appartiennent, et il conjure le laboureur de les accepter. — *Non*, dit Chi-Yeou, *je n'ai pas plus de droit sur la seconde somme que sur la première : emportez tout, puisque tout vous appartient.*

« Cette action fut généralement admirée. Le gouverneur de la ville en rendit compte au vice-roi de la province. Celui-ci envoya sur-le-champ 150 onces d'argent au laboureur, et lui donna un tableau (on suspend, dans la Chine, ces tableaux sur les portes des maisons) dans lequel étaient écrits quatre caractères qui signifiaient : *mari et femme illustrés par le désintéressement et la générosité.* Des copies de cette belle action furent publiées dans toute la province. Le gouverneur de Mung-Teing eut ordre d'élever, près de la maison du laboureur, une inscription qui conservât le souvenir de ce beau trait. L'empereur, touché du récit qu'il en lut dans le mémorial du vice-roi, en prit occasion d'adresser une instruction morale à tous ses peuples, dans laquelle il exhorta en ces termes pathétiques à pratiquer la vertu : *Pour ce qui regarde le laboureur Chi-Yeou*, dit le prince, *je le fais mandarin du septième ordre ; il aura droit d'en porter l'habit et le bonnet. De plus, je lui donne* 100 *onces d'argent pour marquer combien j'estime sa droiture et pour exciter les autres à imiter un si bel exemple.* »

Mes enfants, la conduite de ces généreux Chinois doit servir d'exemple, et la récompense qu'elle leur valut prouve que la vertu plaît à tous les hommes et dans tous les pays.

FÉLICIE.

Mais, mon papa, s'il eût accepté la récompense que lui offrait le marchand, eût-il mal fait?

LE PÈRE DE FAMILLE.

Non, ma fille, l'argent qu'on lui présentait eût été acquis légitimement ; il n'en eût pas moins été honnête homme, puisqu'il s'était empressé de rendre la somme dès qu'il avait su à qui elle appartenait. Un fripon, à sa place, eût pu jeter la bourse et garder l'argent qui était dedans : qui eût prouvé le fait? personne. Le laboureur était donc un véritable honnête homme ; mais, en refusant la récompense promise, il se montra parfaitement généreux : c'est comme s'il eût dit : Ramasser une bourse qu'on rencontre dans son chemin n'est pas assez pénible pour gagner 85 onces d'argent, et la rendre à celui à qui elle appartient est une chose si juste, si naturelle, qu'il ne faut rien recevoir pour cela.

FÉLICIE.

Oh! j'avoue que cette générosité est admirable, et j'aime l'empereur de la Chine pour ne l'avoir pas laissée sans récompense.

PAULIN.

Faisons une autre supposition : si le laboureur chinois, après avoir trouvé la bourse, n'eût pu jamais découvrir qui l'avait perdue, qu'aurait-il dû faire?

LE PÈRE DE FAMILLE.

Généreux comme il l'était, il est à croire qu'il eût distribué l'argent à ceux qui étaient plus pauvres que lui. C'est ce que doit faire dans ce cas tout homme qui est au-dessus de l'indigence. Celui qui est pauvre peut l'appliquer à ses besoins : car il est juste de se retirer le premier de la misère, quand on peut le faire d'une manière irrépréhensible. Cependant celui qui, quoiqu'à son aise, garderait pour lui une somme trouvée, après avoir fait toutes les démarches possibles pour en découvrir le propriétaire, ne pourrait pas être regardé comme un malhonnête homme : ce serait tout au plus un homme dur, qui ne chercherait point à soulager les peines d'autrui, ou un homme avide, qui croirait n'avoir jamais assez; sa conduite ne serait point louée des gens de bien, mais on n'aurait pas le droit de lui en faire un crime. Au surplus, je vais encore vous raconter une histoire fort intéressante qui me revient à ce sujet.

« *Perrin* avait reçu le jour en Bretagne, dans un village auprès de Vitré. Né pauvre et ayant perdu son père et sa mère, avant d'en pouvoir bégayer les noms, il dut sa subsistance à la charité publique, il apprit à lire et à écrire : son éducation ne s'étendit pas plus loin. A l'âge de quinze ans, il servit dans une petite ferme, où on lui confia le soin des troupeaux. *Lucette*, jeune paysanne du voisinage, fut dans le même temps chargée de ceux de son père. Elle les conduisit dans les pâturages, où elle voyait souvent Perrin qui lui rendait tous les petits services qu'on peut rendre à son âge et dans sa situation. L'habitude de se voir et leurs occupations, leur bonté naturelle, leurs soins officieux, les attachèrent l'un à l'autre. Perrin se proposa de demander Lucette en mariage à son père. Lucette y consentit, mais elle ne voulut pas être présente à cette visite. Elle devait aller le lendemain à la ville ; elle pria Perrin de choisir cet instant, et de venir le soir au-devant d'elle pour lui apprendre comment il aurait été reçu.

« Le jeune homme, au temps marqué, vola chez le père de Lucette et lui déclara avec franchise qu'il aimait sa fille, qu'il voudrait bien l'épouser. — Tu aimes ma fille? interrompit brusquement le vieillard, tu voudrais l'épouser? y songes-tu, Perrin? comment feras-tu ? as-tu des habits à lui donner, une maison pour la recevoir et du bien pour la nourrir ? Tu sers, tu n'as rien ; Lucette n'est pas assez riche pour fournir à ton entretien et au sien. Perrin, ce n'est pas ainsi que l'on se met en ménage. — J'ai des bras, je suis fort, on ne manque jamais de travail quand on aime : et que ne ferai-je pas quand il s'agira de nourrir Lucette ! Jusqu'à présent j'ai gagné cent écus tous les ans ; j'en ai amassé vingt : ils feront les frais de la noce ; j'en travaillerai davantage ; mes épargnes augmenteront, je pourrai prendre une petite ferme : les plus riches habitants de notre village ont commencé comme moi ; pourquoi ne réussirais-je pas comme eux ? — Eh bien !

tu es jeune, tu peux attendre encore ; deviens riche, et ma fille est à toi ; mais jusqu'à ce moment ne m'en parle pas.

« Perrin ne put obtenir d'autre réponse. Il courut chercher Lucette, il la rencontra bientôt. Il était triste ; elle lut sur son visage la nouvelle qu'il venait lui annoncer. — Mon père t'a donc refusé ? — Ah ! Lucette, que je suis malheureux d'être né aussi pauvre ! Mais je n'ai pas perdu toute espérance ; ma situation peut changer : ton mari n'aurait rien épargné pour te procurer de l'aisance, ferai-je moins pour devenir ton mari ? Va, nous serons unis un jour ! conserve-moi toujours ton cœur ; souviens-toi que tu me l'as donné.

« En parlant ainsi, ils étaient toujours sur la route de Vitré. La nuit, qui s'avançait, les pressait de regagner leur maison, ils allaient fort vite. Perrin fait un faux pas et tombe ; en se relevant, ses mains cherchent ce qui a causé sa chute ; c'était un sac assez pesant, il le ramasse. Curieux de savoir ce qu'il contient, il entre avec Lucette dans un champ où brûlaient des racines auxquelles les laboureurs avaient mis le feu pendant le jour. A la clarté qu'elles répandent, il ouvre le sac et trouve de l'or. — Que vois-je? s'écria Lucette, ah! Perrin, tu es devenu riche. — Quoi! Lucette, je pourrais te posséder! le Ciel, favorable à nos désirs, m'aurait-il envoyé de quoi satisfaire ton père et nous rendre heureux? Cette idée verse la joie dans leurs âmes; ils contemplent avidement le trésor; puis, après s'être regardés un moment avec tendresse, ils se mettent en chemin pour aller sur-le-champ le montrer au vieillard. Ils étaient près de sa maison, lorsque Perrin s'arrête. Nous n'attendons notre bonheur que de cet or, disait-il à Lucette; mais est-il à nous? Sans doute il appartient à quelque voyageur; la foire de Vitré vient de finir; un marchand, en retournant chez lui, l'a vraisemblablement perdu; dans ce moment où nous nous livrons à la joie, il est peut-être en proie au désespoir le plus affreux. — Ah! Perrin, ta réflexion est terrible, le malheureux gémit sans doute; pouvons-nous jouir de son bien ! *Le hasard nous l'a fait trouver, mais le retenir est un vol.* — Tu me fais frémir... Nous allions le porter à ton père, il nous aurait rendus heureux ; mais peut-on l'être du malheur d'autrui ! Allons voir M. le recteur (c'est ainsi que les Bretons nomment les curés), il a toujours eu mille bontés pour moi ; il m'a placé dans la ferme où je sers : je ne dois rien faire sans le consulter.

« Le recteur était chez lui ; Perrin lui remit le sac qu'il avait trouvé et avoua qu'il l'avait d'abord regardé comme un présent du Ciel. Il ne cacha point son amitié pour Lucette et l'obstacle que sa pauvreté mettait à leur union. Le pasteur l'écoute avec bonté : il les regarde l'un et l'autre, leur procédé l'attendrit ; il voit toute l'ardeur de leur tendresse, et admire la probité qui lui est encore supérieure ; il applaudit à leur action. — Perrin, lui dit-il, conserve toujours les mêmes sentiments, le Ciel te bénira : nous retrouverons le maître de cet or, il récompensera ta probité ; j'y joindrai quelques-unes de mes épargnes : tu posséderas Lucette ; je me charge d'obtenir l'aveu de son père; vous méritez d'être l'un à l'autre. Si l'argent que tu déposes entre mes mains n'est point réclamé, c'est un bien qui appartient aux pauvres : tu l'es, je crois suivre l'ordre du Ciel en te le rendant; il en a déjà disposé en ta faveur.

« Les jeunes gens se retirèrent, satisfaits d'avoir fait leur devoir et remplis des douces espérances qu'on leur donnait. Le recteur fit crier dans sa paroisse le sac qu'on avait perdu; il le fit ensuite afficher à Vitré et dans tous les villages voisins. Plusieurs hommes avides se présentèrent: mais aucun n'indiqua la somme, ni l'espèce de monnaie, ni le sac qui la contenait.

« Pendant ce temps, le recteur n'oublia pas qu'il avait promis à Perrin de s'occuper de son bonheur ; il lui fit avoir une petite ferme, la monta de bestiaux et des instruments nécessaires au labourage, et deux mois après il le maria avec Lucette. Les deux époux, au comble de leurs vœux, remercièrent avec ardeur le Ciel et le recteur. Perrin était laborieux ; Lucette s'occupait de son ménage; ils étaient exacts à payer le propriétaire de leur ferme, ils vivaient médiocrement du surplus, et se rendaient heureux.

« L'or perdu ne fut point réclamé pendant deux ans. Le recteur ne jugea pas qu'il fallût attendre davantage; il le porta au couple vertueux qu'il avait uni. — Mes enfants, leur dit-il, jouissez du bien de la Providence et n'en abusez pas; ces douze mille francs sont actuellement sans produit; vous pouvez en faire usage; si, par hasard, vous en découvriez le maître, vous devriez sans doute les lui rendre; faites-en un emploi qui, les changeant seulement de nature, n'en diminue point la valeur. Perrin suivit ce conseil; il se proposa d'acheter la ferme qu'il avait à bail : elle était à vendre, on l'estimait un peu plus de douze mille livres; mais, en payant comptant, on pouvait espérer de l'avoir à ce prix; cet argent, qu'il ne regardait que comme un dépôt, ne pouvait être mieux placé; et si le maître se retrouvait un jour, il n'aurait pas à se plaindre.

« Le recteur approuva ce projet; l'acquisition fut bientôt faite : le fermier, devenu le propriétaire, donna une plus grande valeur à son terrain; ses champs, mieux cultivés, devinrent plus fertiles; il vécut dans cette douce aisance qu'il avait eu l'ambition de procurer à Lucette. Deux enfants bénirent successivement leur union. Ils prenaient plaisir à se voir revivre dans ces tendres gages de leur amour. En revenant des champs, Perrin trouvait sa femme qui venait au-devant de lui, et lui présentait ses enfants; il les embrassait l'un et l'autre, les quittait pour serrer son épouse entre ses bras, puis revenait encore à eux pour les accabler tour à tour de caresses. L'un essuyait la sueur dont son front était couvert, l'autre essayait de le soulager du poids du hoyau qu'il portait; Perrin souriait de ses faibles efforts, le caressait de nouveau, et rendait grâces au Ciel, qui lui avait donné une épouse tendre et des enfants qui lui ressemblaient.

« Quelques années après, le vieux recteur mourut; Perrin et Lucette le pleurèrent ; ils songèrent avec attendrissement à ce qu'ils lui devaient. Cet événement les fit réfléchir sur eux-mêmes. Nous mourrons aussi, disaient-ils ; notre ferme restera à nos enfants : elle n'est pas à nous ; si celui à qui elle appartient revenait, il en serait privé pour toujours : nous emporterions le bien d'autrui au tombeau ! Ils ne pouvaient soutenir cette idée ; leur délicatesse leur fit écrire une déclaration, qu'ils déposèrent entre les mains du nouveau recteur, et qu'ils firent signer par les plus notables habitants du village. Cette précaution, qu'ils jugeaient nécessaire pour assurer une restitution à laquelle ils croyaient leurs enfants obligés, les tranquillisa.

« Il y avait dix ans qu'ils étaient établis. Perrin, après un travail pénible, revenait un jour dîner avec son épouse ; il vit passer sur la grande route deux hommes dans une voiture qui versa à quelques pas de lui. Il courut porter du secours : il offrit les chevaux de sa charrue pour transporter les malles ; il pria les voyageurs de venir se reposer chez lui. Ils n'étaient point blessés.

— Ce lieu m'est bien funeste! s'écria l'un d'eux, je ne puis y passer sans éprouver des malheurs : j'y ai fait, il y a douze ans, une perte considérable. Je revenais de la foire de Vitré, j'emportais douze mille francs en or, que j'ai perdus. — Comment, lui dit Perrin, qui écoutait avec attention, avez-vous négligé de faire des recherches pour les retrouver? — Cela ne fut pas possible : je me rendais à Lorient, où je devais m'embarquer pour les Indes ; le temps pressait ; le vaisseau prêt à mettre à la voile, ne m'aurait pas attendu ; je ne pus faire des perquisitions, sans doute inutiles, qui, en retardant mon départ, m'auraient apporté un préjudice beaucoup plus grand que la perte que j'avais faite.

« Ce discours fait tressaillir Perrin : il s'empresse davantage auprès du voyageur ; il le conjure d'accepter l'asile qu'il lui offre. Sa maison était la plus prochaine et la plus propre habitation du village. On cède à ses instances, il marche le premier pour montrer le chemin : il rencontre bientôt sa femme, qui, selon son usage, venait au-devant de lui ; il lui dit d'aller préparer promptement un dîner pour ses hôtes. En attendant le repas, il leur présente des rafraîchissements, et fait retomber la conversation sur la perte dont l'un d'eux s'est plaint : il ne doute pas que ce ne soit à lui qu'il doit une restitution. Il va chercher le nouveau recteur, l'informe de ce qu'il vient d'apprendre, l'invite à partager le dîner de ses hôtes et à leur tenir compagnie. Celui-ci l'accompagne et ne cesse d'admirer la joie que ce bon paysan a d'une découverte qui doit le ruiner.

« On dîne, les voyageurs satisfaits ne savent comment reconnaître l'accueil que leur a fait Perrin ; ils admirent son petit ménage, son bon cœur, sa franchise, l'air ouvert de Lucette, sa candeur, son activité; ils caressent les enfants. Perrin, après le repas, leur montre sa maison, son potager, sa bergerie, ses bestiaux ; les entretient de ses champs et de leurs produits. — Tout cela vous appartient, dit-il ensuite au premier voyageur : l'or que vous avez perdu est tombé entre mes mains.

Voyant qu'il n'était pas réclamé, j'en ai acheté cette ferme, dans le dessein de la remettre un jour à celui qui y a de véritables droits; elle est à vous; si j'étais mort avant de vous trouver, M. le recteur a un écrit qui constate votre propriété.

« L'étranger, surpris, lit l'écrit qu'il lui remet : il regarde Perrin, Lucette et ses enfants. — Où suis-je? s'écrie-t-il enfin, et que viens-je d'entendre ? Quel procédé ! quelle vertu ! quelle noblesse ! et dans quel état les trouvé-je ! Avez-vous quelque autre bien que cette ferme? ajouta-t-il. — Non; mais si vous ne la vendez pas, vous aurez besoin d'un fermier, et j'espère que vous me donnerez la préférence. — Votre probité mérite une autre récompense : il y a douze ans que j'ai perdu la somme que vous avez trouvée; depuis ce temps, Dieu a béni mon commerce; il s'est étendu, il a prospéré; je ne me suis pas longtemps ressenti de ma perte, cette restitution aujourd'hui ne me rendrait pas plus riche. Vous méritez cette petite fortune : la Providence vous en a fait présent; ce serait l'offenser que de vous l'ôter : conservez-la, je vous la donne; vous pouvez la garder, je ne la réclamerai point : quel homme eût agi comme vous?

« Il déchira aussitôt l'écrit qu'il tenait entre ses mains. — Une si belle action, ajouta-t-il, ne doit pas être ignorée : il n'est pas besoin d'un nouvel acte pour assurer ma cession, votre propriété et celle de vos enfants : je le ferai cependant écrire, pour perpétuer le souvenir de vos sentiments et de votre honnêteté.

« Perrin et Lucette tombèrent aux pieds du voyageur; il les releva et les embrassa. Un notaire qui fut mandé écrivit cet acte, le plus beau qu'il eût rédigé de sa vie. Perrin versait des larmes de joie et de tendresse. — Mes enfants, s'écriait-il, baisez la main de votre bienfaiteur! Lucette, ce bien est à nous, et nous pouvons en jouir sans trouble et sans remords. »

Les deux exemples que je viens de vous rapporter suffisent pour vous apprendre comment vous devriez vous conduire si vous vous trouviez dans l'une ou l'autre circonstance. Passons à une autre manière de faire tort à autrui, qu'il faut également éviter avec le plus grand soin.

Ne faire aucun tort au prochain dans son honneur.

LE PÈRE DE FAMILLE.

Beaucoup de gens ont horreur de l'idée seule de prendre quelque chose à autrui, et ne se font pas le moindre scrupule d'en dire tout le mal qu'ils en savent, et celui même dont ils ne sont pas certains : ils ne font pas réflexion que la *médisance* fait encore plus de tort que le vol, et que la *calomnie* est un crime presque aussi grand que l'homicide. Avant d'aller plus loin, faites sentir, Paulin, quelle est la différence qui se trouve entre *médire* et *calomnier*.

PAULIN.

Médire, c'est dire le mal que l'on sait de quelqu'un, et l'apprendre, dans une mauvaise intention, à ceux qui l'ignoraient : c'est ordinairement l'occupation des personnes qui n'ont point de charité. *Calomnier* est bien plus criminel : c'est inventer quelque mal contre une personne, et le répandre comme si elle en était coupable, avec l'intention de la perdre dans l'esprit public. Calomnier est donc un véritable crime.

LE PÈRE DE FAMILLE.

Maintenant je vais vous apprendre quel danger il y a à médire et à calomnier. Écoutez l'histoire du malheureux *Georges*.

« Georges était un pauvre homme qui gagnait sa vie à faire des commissions. Pour cet état il faut de l'intelligence, de la prudence et de la discrétion. Georges avait toutes ces qualités, il était assez occupé dans le quartier de la petite ville où il s'était établi ; c'était un grand bonheur pour lui, car il avait de la famille ; sa plus vive satisfaction était de procurer à ses enfants ce qui leur était nécessaire. Il eût vu couler ses jours en paix, sans un voisin jaloux, commissionnaire comme lui, et qui voulait lui enlever ses *pratiques*. Ce mauvais voisin, qu'on nommait *Robert*, ayant tenté en vain plusieurs moyens d'ôter à Georges la confiance qu'on avait en lui, s'avisa de dire le peu de mal qu'il en savait. Georges ne haïssait pas le vin, et quelques verres suffisaient pour lui troubler la tête ; mais ce défaut ne le faisait point manquer à ses devoirs, et jamais il n'avait dit un mot de plus qu'il ne fallait : il avait même soin de n'entrer au cabaret que lorsque ses devoirs étaient remplis. L'envieux le savait très-bien ; mais, sans chercher à l'excuser, il se contentait de dire à qui voulait l'entendre que Georges aimait à boire ; et ce défaut dans un homme de notre état, ajoutait-il, est bien dangereux : outre qu'il fait mal ce qu'on lui ordonne, il peut parler trop et rapporter à d'autres ce qu'on lui a recommandé de tenir secret. Le père Georges a là un défaut qui lui fera bien du tort.

« A force de répéter ces mots, il se fit écouter. On remarqua que le père Georges paraissait, en effet, de temps en temps, avoir bu plus qu'il n'était raisonnable ; on se défia de lui, il fut moins employé. L'envieux y gagna ; et, en continuant le même manége, il réduisit son pauvre voisin à n'avoir plus rien à faire.

« Georges, désespéré d'avoir perdu la confiance des personnes qui l'avaient fait vivre, prit la résolution de renoncer à son défaut, et en eut le courage. Cet effort fut inconnu de tout le monde ; l'envieux se garda bien d'en parler. Enfin ce malheureux, voyant sa famille dans la dernière misère, alla se placer dans un autre quartier : il y réussit un peu mieux, mais la réputation que Robert lui avait donnée l'y suivit. »

Voilà un échantillon de ce que peut la médisance ; transportez-la dans tous les rangs de la société, et vous lui verrez produire le même mal. Poursuivons l'histoire du pauvre Georges.

« Ce brave homme eut un jour le malheur d'être occupé dans une maison où il se trouva quelque chose d'égaré. Comme aucun étranger n'était venu, on soupçonna Georges d'une infidélité ; mais les preuves manquant, on en resta au soupçon. L'envieux, ayant appris cette aventure, s'écria : Je l'avais bien dit que le défaut du père

Georges lui ferait du tort ! Quand on va au cabaret, il faut de l'argent, et quand on n'en gagne pas assez, on en vole. Sa méchanceté changeait aussitôt un simple soupçon en certitude, et, suivant sa coutume, il dit de tous côtés que Georges avait dérobé un effet précieux. L'assurance qu'il mettait dans ses discours fit facilement prendre cette calomnie pour une vérité ; et l'on répéta bientôt dans toute la ville que le père Georges était un voleur.

« Les personnes qui avaient perdu l'effet, entendant ces bruits, crurent qu'on avait découvert quelque chose et que leur soupçon ne tarderait pas à se vérifier ; ils jugèrent aussi que la réputation de Georges était fort mauvaise : en conséquence, ils firent arrêter cet infortuné, qui ne pouvait se justifier. Il resta longtemps en prison ; et si l'effet volé ne se fût enfin retrouvé, il lui serait peut-être arrivé pis. Le voilà donc reconnu innocent ; on lui donne même une petite somme en dédommagement. Mais, pendant sa captivité, sa famille avait contracté des dettes : il les paya et ne se trouva pas plus avancé qu'auparavant. Il se présenta de nouveau pour faire des commissions ; mais personne ne lui donna rien à faire. Les hommes sont malheureusement plus enclins à croire le mal que le bien, et la plus faible apparence leur suffit pour former une sorte de soupçon. On se souvint de l'emprisonnement de Georges, des bruits qui avaient couru sur son compte, et on en conserva une impression défavorable. Le malheureux se vit encore réduit à la plus profonde misère : ses enfants furent contraints d'aller demander l'aumône ; on l'en méprisa davantage.

« Enfin le pauvre Georges, n'ayant plus aucune ressource et se voyant accablé sous le poids d'une humiliation injuste, se livra au désespoir, tomba malade et mourut abandonné de tout le monde, comme eût mérité de mourir le scélérat le plus décidé. » Tel fut l'ouvrage de la *médisance* et de la *calomnie*.

FÉLICIE.

O mon Dieu ! que ce tableau est effrayant !

LE PÈRE DE FAMILLE.

Il est vrai, ma fille, et souvenez-vous bien que *l'on ne dit jamais de mal d'une personne sans lui faire un grand tort.* Prenez donc garde, mes enfants, à ce qui s'échappera de votre bouche ; n'ayez point cette démangeaison dangereuse de divulguer les défauts que vous avez remarqués dans les autres. Vous en avez aussi, des défauts ; ainsi ayez pour autrui l'indulgence dont vous avez vous-mêmes besoin. Sachez que, tout en écoutant les gens médisants, on les méprise, on les craint surtout : car on est bien persuadé qu'ils ne nous ont pas plus tôt quittés, qu'ils vont médire de nous dans une autre maison. Quant aux calomniateurs, on les abhorre; et quand ils sont convaincus devant les tribunaux, on les punit de peines infamantes.

PAULIN.

Si par hasard je savais qu'une personne eût commis une action nuisible à quelqu'un, devrais-je le dire ?

LE PÈRE DE FAMILLE.

Oui, parce que tout ce qui va contre les lois de la société ne doit pas être mis au rang des défauts, pour lesquels il faut avoir de l'indulgence. Le silence, même dans ce cas, serait une faute très-grave; s'il s'agissait d'un crime, vous deviendriez, en vous taisant, complice du crime même.

PAULIN.

Permettez-moi de vous faire encore une question. Si une personne qui aurait de la confiance en moi me demandait des renseignements sur quelqu'un que je connaîtrais et dont elle voudrait se servir, devrais-je dire tout ce que je sais?

LE PÈRE DE FAMILLE.

Oui, le bien et le mal. Je vais vous en faire sentir la nécessité par une supposition. Un de vos amis veut placer une somme d'argent chez une personne que j'appellerai *Guillaume ;* il le croit un homme de probité ; cependant il vient auparavant vous demander ce que vous pensez de cette personne, que vous connaissez depuis longtemps ; il vous dit en même temps le dessein qu'il a de lui confier une somme. Vous savez que Guillaume, quoique assez bien renommé, n'est nullement rangé, qu'il joue gros jeu, et que sa fortune n'est qu'en apparence. Vous êtes bien certain que votre ami perdra son argent ; cependant vous n'osez pas dire ce que vous pensez, dans la crainte de faire tort à Guillaume ; la médisance vous fait frémir. Croyez-vous alors que c'est délicatesse de votre part ? C'est timidité, c'est faiblesse coupable. Votre ami, qui ne vous a entendu dire que du bien de Guillaume, lui a remis son argent, et l'a effectivement perdu. Dès lors il vous accuse de mauvaise foi ; il vous porte une juste haine, et vous n'avez rien à dire pour votre justification. Il ne faut pas à tort et à travers parler des vices d'autrui ; mais quand il s'agit d'empêcher un honnête homme d'en devenir la victime, on remplit son devoir en les lui découvrant.

Je viens de vous dire tout à l'heure que,

loin de s'amuser à dénigrer les autres, il fallait au contraire s'accoutumer à une indulgence mutuelle : ceci me conduit à toucher un mot de cette indulgence réciproque.

Il faut supporter mutuellement ses défauts.

LE PÈRE DE FAMILLE.

Nous sommes tous imparfaits, et c'est pour cette raison que nous devons avoir de l'indulgence entre nous. De quel droit voudrions-nous que l'on supportât nos défauts, si nous ne voulions point supporter ceux des autres ? Celui qui exigerait que tout le monde se rangeât à sa manière de voir et de sentir, quelque raisonnable qu'il fût d'ailleurs, serait précisément le plus insupportable des hommes : il n'existerait même aucune réunion d'hommes, s'il n'y régnait une sorte d'indulgence réciproque. Souffrez donc en silence ce qui vous choque et que vous ne pouvez changer ; c'est ce que vous avez de mieux à faire pour les autres et pour vous. On déteste, on fuit ces gens toujours prêts à reprendre ce qui ne leur plaît pas dans autrui : ce sont ordinairement des esprits orgueilleux qui n'estiment qu'eux-mêmes, et qui, après avoir placé très-haut le degré de leur perfection, se mettent toujours en comparaison avec les autres, et finissent par croire qu'ils valent mieux que tout le monde. Gardez-vous bien de contracter une habitude aussi odieuse.

FÉLICIE.

Cependant si, par un avertissement donné à propos, je parvenais à corriger quelqu'un de ses défauts?...

LE PÈRE DE FAMILLE.

Vous devriez alors donner cet avertissement; mais, comme ces sortes de cures sont très-rares, il faut ménager les remèdes, c'est-à-dire qu'il ne faut pas indirectement donner des avis qui seraient fort mal reçus. Si une personne vous intéresse, et que vous la croyiez assez sage pour tenter de se corriger, si elle en a besoin, attirez-la à part, parlez-lui avec douceur, épargnez son amour-propre, et dites-lui : Telle habitude pourrait vous nuire, ne la contractez point. S'y prendre autrement, c'est vouloir manquer son but. Quand quelqu'un nous reprend avec aigreur ou seulement avec trop de légèreté, notre amour-propre se révolte, nous nous imaginons que c'est envie de sa part, et la leçon est perdue.

Il faut surtout supporter les infirmités d'autrui : ce n'est pas ici une simple tolérance, c'est un devoir de l'humanité. Il y a une véritable cruauté à fuir ceux qui sont affligés de quelque mal : c'est ajouter à leurs douleurs physiques une peine morale, peut-être plus insupportable encore. Ayez au contraire, avec eux, d'autant plus de patience et de douceur, qu'ils souffrent davantage.

Un autre vice de ceux qui ont le cœur méchant est de se faire un sujet de gaieté de tout le mal qui arrive à leurs semblables. Quelqu'un tombe-t-il, ils en rient aux éclats. J'en ai même vu qui riaient d'une mort que l'on venait de leur apprendre.

Les insensibles, non contents d'être mal partagés des biens de l'âme, semblent encore prendre plaisir à nous faire connaître le peu qu'ils valent. C'est une vengeance qu'ils nous offrent d'eux-mêmes, car nous les méprisons aussitôt. D'autres voient-ils un bossu, un borgne, un boiteux, vite ils s'empressent de les tourmenter et de les tourner en ridicule. Mais, misérables ! si le Ciel vous eût réservé un pareil sort, seriez-vous satisfaits d'être traités de cette façon ? Non, sans doute : eh bien ! ménagez donc le malheur d'autrui. Riez d'un vice, si vous voulez, riez même d'un ridicule, mais une infirmité n'est pas un vice, c'est une affliction pour celui sur qui elle tombe ; et vous voulez le rendre plus malheureux encore ! Ah ! mes enfants, craignez de vous dégrader par de pareils sujets de railleries ; n'altérez jamais la douce sensibilité de vos cœurs ; allez au-devant de ceux qui souffrent, consolez-les, si d'autres les affligent. Les mauvais plaisants font quelquefois rire un instant ; mais on vous estimera, et c'est la meilleure part ; vous aurez fait plus encore : vous aurez agi de manière à être contents de vous-mêmes.

N'humiliez personne.

LE PÈRE DE FAMILLE, *poursuivant.*

Le même principe de morale et d'humanité doit nous empêcher d'humilier qui que ce soit. Ce principe est même d'une plus grande rigueur : car, rire du malheur d'autrui vient quelquefois d'une légèreté d'esprit, tandis que l'orgueil qui nous porte à humilier notre semblable part nécessairement d'un cœur méchant. Si quelquefois il est pardonnable de rabaisser quelqu'un, c'est quand il s'agit de remettre à sa place un orgueilleux qui veut lui-même nous rabaisser : c'est alors une défense juste et naturelle.

Mais rien n'est plus lâche et plus cruel que de chercher à humilier celui que la fortune humilie déjà assez : c'est s'attaquer à celui de qui on ne craint rien, et faire sentir plus durement à un malheureux sa situation. Évitez bien cet horrible défaut, mes enfants ; souvenez-vous que tous les hommes sont frères, et que celui qui veut rabaisser son frère au-dessous de lui blesse les lois de la nature et va contre la volonté de Dieu même. Soyez, au contraire, bons avec tout le monde ; élevez par votre conduite le pauvre à ses propres yeux : c'est lui inspirer une meilleure opinion de lui-même ; c'est l'empêcher de se dégrader. Si la fortune vous favorise, songez que vos paroles honnêtes seront en quelque sorte des bienfaits pour ceux qu'elle aura rendus vos inférieurs ; ils vous en sauront gré, parce que, accoutumés au mépris de tant d'autres, ils croiront presque que c'est une générosité de votre part ; ils se sentiront portés d'inclination vers vous, et une simple règle de morale observée vous aura fait des amis.

Dans la société de vos égaux, ménagez également l'amour-propre d'autrui : si vous n'aviez pas le cœur assez bon pour que ce précepte vous parût un devoir, je vous engagerais à le suivre pour votre propre intérêt seul. Songez que, chaque fois que vous voudrez faire de la peine aux autres, on se plaira à vous rendre cette peine. En voici un exemple entre mille : un jeune homme chantait fort mal, et avait la rare prudence de ne jamais chanter. Un autre jeune homme, qui était bien aise de le mortifier, l'engagea, au milieu d'une société, à chanter un couplet. Il s'en défendit d'abord avec honnêteté; l'autre insista en vantant avec malignité son prétendu talent. Plusieurs personnes mêmes se joignirent à lui dans l'idée que c'était par pure modestie que ce jeune homme refusait. Enfin le pauvre chanteur fut obligé de faire connaître ce qu'il savait faire, et ne s'acquitta de ce soin qu'avec toute la mauvaise grâce possible. Le persifleur en riait; mais sa joie ne fut pas aussi longue qu'il l'avait espéré. Un matin, le malheureux mystifié, plein du désir de se venger, entre chez lui, tire de sa poche un pistolet chargé, et dit : Monsieur, vous m'avez fait chanter, il faut danser à votre tour, ou je vous brûle la cervelle. Un pareil compliment eut de quoi étonner le mystificateur; mais comme il vit, au ton qui l'accompagnait, que c'était très-sérieusement qu'on lui parlait, il aima mieux danser que de se faire tuer. Cette aventure, qui bientôt fut divulguée, le couvrit de ridicule, et l'empêcha longtemps de se montrer. C'est ainsi que, par sa propre méchanceté, on provoque la vengeance qui nous punit.

Pour règle certaine, si vous voulez bien vivre avec tout le monde, supportez les défauts des autres, et ne blessez l'amour-propre de qui que ce soit.

SEPTIÈME ENTRETIEN

Faire du mal aux animaux est le signe d'un mauvais caractère.

LE PÈRE DE FAMILLE.

Après avoir montré la nécessité de faire le bien aux hommes, il ne sera pas inutile, mes enfants, de vous engager à ne faire aucun mal aux animaux.

PAULIN.

Eh quoi ! ceci entrerait-il dans la morale humaine?

LE PÈRE DE FAMILLE.

Non, mon fils : on peut être fort honnête homme et battre un chien sans sujet, mais alors on a peu de sensibilité. Songez que les animaux sont organisés comme nous; ils éprouvent du plaisir ou de la douleur : nous pouvons donc les rendre heureux ou malheureux. Votre chien se réjouit à sa manière quand vous lui donnez sa nourriture ou que vous le flattez ; il gémit quand vous le faites souffrir ; consultez votre cœur, et voyez quelle sensation vous êtes plus charmé de lui avoir fait éprouver. Ainsi donc, si *ne point faire de mal aux animaux* n'est pas un devoir de morale, c'est au moins un devoir de sentiment. D'ailleurs, que vous revient-il d'avoir fait souffrir un pauvre être qui se trouve entièrement à votre disposition? Rien, que le souvenir d'avoir imité un bourreau. Songez-y bien : celui qui, dans son enfance, tourmente les animaux et prend plaisir à entendre leurs cris de douleur, s'accoutume insensiblement à la cruauté qu'il exercera dans la suite envers les hommes. Les Spartiates en étaient convaincus : un de leurs enfants, qui prenait plaisir à crever les yeux des oiseaux, fut puni de mort par un jugement des magistrats, parce qu'on crut remarquer en lui un être dangereux qu'il fallait se hâter de détruire. Il est effectivement impossible de s'amuser à faire souffrir un être sensible sans avoir un penchant à la férocité. Je veux vous montrer un exemple contraire, et je suis sûr qu'il touchera vos cœurs. Lisez, Paulin.

PAULIN, *ayant reçu le livre, lit :*

« J'allais de Morges à Yverdun, pour une fête. Chemin faisant, je m'accostai d'un homme dont les habits, autant que le jour naissant me permettait de le voir, portaient l'enseigne de la misère, enseigne dont tant d'hommes détournent les yeux, parce qu'elle leur donnerait la tentation d'une bonne œuvre, et que tant d'hommes méprisent, parce qu'ils ne savent pas voir le mérite que souvent elle cache.

« La figure de cet homme, ainsi que celle d'un mouton, qui le suivait, me prévint en sa faveur. — Ne venez-vous pas de Morges, mon ami ? — Oui, Monsieur ; j'étais boucher dans cette ville. — Quelle raison vous en a fait sortir ? — Hélas ! Monsieur, ce mouton... Ce début piqua ma curiosité ; je le pressai de me dire son histoire, ce qu'il fit de la manière suivante :

« Je suis né de parents pauvres ; on m'obligea d'embrasser la profession de boucher à laquelle je répugnais ; mais de six enfants que nous étions dans la famille, aucun n'avait désobéi aux ordres de mon père : je ne voulais pas être le premier. Tant que mon père vécut, je fis assidûment mon devoir ; je l'eusse toujours rempli de même, si mon maître n'eût trop exigé de moi. Dans le troupeau que je gardais, je m'étais attaché à un mouton ; il m'aimait aussi. (Dans cet endroit de sa narration, il donna sur le dos de l'animal qu'il conduisait deux petits coups qui me disaient : *c'est lui*. La bonne bête leva bénignement la tête vers son maître, et lui lécha les mains d'un air qui me répondait : *c'est moi*.) Il me suivait partout ; il me tenait lieu d'amis, de parents ; je lui donnais la moitié de mon pain, et je croyais l'avoir mangé ; il était si bon, le pauvre animal, que vous n'auriez pu vous empêcher de lui donner du vôtre. Aussi, quand il fallait conduire une bête à la tuerie, n'était-ce jamais lui que je prenais. Peu à peu le troupeau s'épuisa, et, malgré mes prières, mon maître voulut me forcer à égorger mon mouton. En vain tentai-je d'obéir; quand j'avançais le couteau, le pauvre animal me regardait d'un air!... Il semblait me faire des reproches, puis il me léchait; les larmes m'en venaient aux yeux, et le couteau me tombait des mains.

« Enfin je dis à mon maître qu'on m'égorgerait plutôt moi-même que de me porter à cet assassinat. Ces mots l'irritèrent; il me traita de gueux, de misérable... Je faisais peut-être mal, mais c'était par amitié pour ma pauvre bête. Mon maître me donna mon congé. J'avais gagné quelque argent; j'en eus assez pour acheter mon mouton. Je suis bien pauvre, ajouta-t-il en le caressant, mais je ne te le reproche pas (1). »

FÉLICIE.

Oh! la jolie histoire! il faudrait la lire à

(1) Extrait du *Voyageur sentimental*, par VERNES, de Genève.

tous ces hommes cruels qui tuent les pauvres animaux.

LE PÈRE DE FAMILLE.

Modérez, ma fille, votre excès de sensibilité. Il faut s'abstenir de faire aucun mal aux animaux; mais, quand il s'agit de nos besoins, il ne peut y avoir de cruauté à leur donner même la mort, puisque la nature nous en fait une loi. Mais si, pour notre nourriture, nous sommes obligés de tuer le bœuf, le poulet et mille autres bêtes innocentes, nous pouvons au moins nous dispenser de les faire souffrir inutilement. Il y a, dit-on, en Angleterre, une loi qui défend de frapper sans motif les chevaux et de les accabler sous le poids de la charge. Cette loi est digne de véritables hommes. Dieu nous a donné la prééminence sur tous les êtres qui habitent la terre avec nous; il a même fait dépendre notre existence de la mort d'une multitude de créatures; mais il a mis dans nos cœurs la sensibilité, qui nous défend d'user de ce droit comme en usent les tigres ; ainsi, celui qui étouffe cette sensibilité, et qui méprise la voix de la nature qui parle dans son cœur, pour lui ordonner d'être humain, lors même que le besoin le force à l'inhumanité, celui-là va contre la volonté même de l'Auteur de la nature. Il ne peut donc être entièrement innocent ; pour le certain, il ne peut être satisfait de sa brutalité ; et, puisque sa conscience le condamne, il est coupable.

DEUXIÈME PARTIE

DE LA VERTU

HUITIÈME ENTRETIEN

LE PÈRE DE FAMILLE.

Examinons maintenant, mes enfants, ce que c'est que la *vertu*, et ce que l'homme doit faire pour acquérir le beau titre de *vertueux*.

Vous souvenez-vous de la définition que je vous ai donnée de la vertu ? Répétez-la, Paulin.

PAULIN.

Vous nous avez dit, mon cher papa, que la vertu consistait à faire le bien pour le seul plaisir de le faire, sans y être porté par la reconnaissance ou l'espoir d'un retour semblable; vous avez ajouté que le mot de *vertu*, qui signifie *force*, *courage*, nous fait seul entendre qu'il faut avoir assez de force pour faire le bien, même contre notre intérêt.

LE PÈRE DE FAMILLE.

Je vois, mon fils, que vous m'avez écouté avec fruit. Dites-moi maintenant, Félicie, en quoi il est plus beau de suivre les préceptes de la vertu que de s'en tenir à ceux de la morale.

FÉLICIE.

La réponse me paraît renfermée dans la définition même que vous nous avez donnée de la vertu. En suivant les préceptes de morale, on n'acquitte qu'une dette ou l'on ne fait qu'une avance; mais par la vertu on donne généreusement, et il est bien plus beau de faire le bien pour le bien même que par tout autre motif moins désintéressé.

LE PÈRE DE FAMILLE.

Ainsi donc, mes enfants, vous seriez tentés de croire que la vertu vaut mieux pour le bonheur du monde que la simple morale ?

FÉLICIE.

Pour moi, je ne balance pas à le dire.

LE PÈRE DE FAMILLE.

Et si je vous montrais que la morale est plus utile, que diriez-vous ?

FÉLICIE.

Oh ! vous détruiriez le plus beau sentiment que vous m'avez inspiré.

LE PÈRE DE FAMILLE.

Consolez-vous, mes enfants, je ne détruirai point les bons sentiments qui naissent dans votre cœur, je rectifierai seulement vos idées.

La morale est la base de tout ce qui se fait de bien dans le monde. Aujourd'hui, je vous donne mes soins, mes jours, ma tendresse ; j'ai reçu de pareils bienfaits de mes respectables parents ; vous les rendrez à vos enfants : j'acquitte donc une dette précieuse, que vous serez tenus d'acquitter à votre tour. Vous vous abstenez de faire le mal pour qu'on ne vous en fasse aucun; vous donnez parce que vous avez besoin de recevoir : voilà les lois du monde; et que pensez-vous que deviendrait le genre humain si ces lois étaient méprisées? Tout serait bouleversé, mes enfants. Que tous les hommes, au contraire, les respectent avec la plus scrupuleuse fidélité, et la terre sera un véritable séjour d'innocence où l'on s'entr'aidera tour à tour dans les besoins. Tels sont les bienfaits de la morale : la vertu n'en est que le complément; elle ajoute à la gloire de l'homme et au bonheur de l'humanité; la morale seule y est nécessaire.

Gardez-vous bien, mes amis, de croire que je veuille rétrécir vos âmes, et vous dispenser de faire le bien qui sera en votre puissance. Ah! ne craignons point de trop faire : nous sommes si souvent en-deçà de nos devoirs, que quelques efforts généreux de plus ne peuvent encore nous acquitter que bien faiblement.

Voyons, mes amis, quelles sont les principales vertus de l'homme.

Je placerai à la tête de toutes le *dévouement à ses semblables.* C'est de ce sentiment généreux, qui nous porte à nous oublier pour les autres, que découle tout le bien que nous faisons.

Je vous parlerai en second lieu d'une *vertu* qui suppose dans le cœur de celui qui la pratique plus de courage encore qu'il n'en faut pour se dévouer au bonheur d'autrui, *c'est de rendre le bien pour le mal qu'on nous a fait.*

Enfin, nous terminerons cette partie par un aperçu de *vertus personnelles*, c'est-à-dire qui n'ont rapport qu'à nous-mêmes.

Du dévouement à ses semblables.

LE PÈRE DE FAMILLE, *continuant.*

Comme il vaut mieux vous mettre à portée de raisonner sur ce que je vous propose que de remplir pour vous cette tâche moi-même, expliquez-nous, Paulin, ce que l'on entend par dévouement à ses semblables.

PAULIN.

On entend que l'homme vraiment vertueux doit toujours être prêt à se sacrifier pour tous ceux de ses semblables qui ont besoin de ses secours.

LE PÈRE DE FAMILLE.

Mais dans ces sacrifices généreux y a-t-il quelque ordre à observer? doit-on se dévouer pour un inconnu, de préférence à un ami, à un parent?

PAULIN.

Oh! non : il est naturel qu'on secoure ses parents avant les étrangers.

LE PÈRE DE FAMILLE.

Mettons donc quelque méthode dans nos raisonnements : posons d'abord pour principe qu'on se doit à tous ses semblables; mais que, dans des circonstances également pressantes, on se doit avant tout *à sa famille*, ensuite *à sa patrie*, et enfin *à tout le monde*.

PAULIN.

C'est bien ainsi que je l'entends. Si je n'avais qu'un seul morceau de pain, et que j'apprisse que vous êtes dans la plus grande indigence, il est certain que, si j'avais assez de vertu pour préférer la vie d'un autre à la mienne, c'est à vous, mon cher papa, que je porterais ma dernière nourriture, et non à l'étranger qui éprouverait le même malheur.

LE PÈRE DE FAMILLE.

C'est aussi de cette manière que raisonnait un père à l'égard de ses enfants.

FÉLICIE.

Ah ! mon papa, ce que vous dites là me rappelle un trait admirable de la part d'un père envers sa famille. Je l'ai lu, il y a déjà longtemps ; mais je ne l'oublierai jamais. Tu vas voir, Paulin, jusqu'à quel point un bon père peut se sacrifier pour ses enfants.

« Un pauvre homme, nommé *Jacques*, qui gagnait sa vie en travaillant bien fort, avait quatre enfants et sa femme à nourrir. C'était un grand fardeau ; mais, tant qu'il put subvenir à cette dépense, il ne se plaignit point : ce n'était pas les fatigues qui l'effrayaient, c'étaient les besoins de sa chère famille. Ce pauvre Jacques gagnait si peu, si peu, que quelquefois il se refusait le nécessaire pour le donner à ses enfants ; mais il souffrait tout seul, et ce pauvre homme avait un courage qui le mettait au-dessus de la peine.

« Cependant, malgré tous ses soins, ses veilles, son obstination à combattre son triste sort, Jacques se vit accablé de la plus affreuse misère. Sa femme, ses enfants éprouvèrent le plus cruel besoin, la faim, et demandèrent du pain en gémissant. Jacques ne pouvait que pleurer avec eux ; enfin, surmontant la honte qu'il y a pour un homme de cœur à implorer l'assistance des passants, des inconnus qui le méprisent, cet infortuné sort de chez lui, demande d'une voix timide, et le visage inondé de larmes, de quoi adoucir sa misère. Sa voix ne fut point entendue, ses larmes ne furent point remarquées. Si quelqu'un, par hasard, lui donnait, c'était un si faible soulagement, que sa femme et ses enfants ne faisaient que reculer leur faim de très-peu d'instants.

« Ce malheureux, au désespoir, court égaré dans les rues ; il rencontre un de ses camarades, à peu près aussi indigent que lui. Celui-ci, frappé de la douleur où il voit Jacques, lui en demande le sujet. « Je suis perdu ! répond le pauvre homme : ma femme, mes enfants n'ont pas mangé depuis hier, midi, et... je ne sais ce que je dois faire... il faut mourir. — Mon ami, lui dit l'autre, pénétré de sa situation, voilà deux sous : c'est tout ce que je puis te donner; mais si tu voulais gagner quelque argent, je t'enseignerais bien un moyen. — Je ferais tout, répond Jacques avec vivacité, hors ce qui est contre la probité. — Eh bien ! poursuit son camarade, va donc en tel endroit, chez telle personne ; elle apprend à saigner, elle te donnera quelque argent. »

« Jacques vole chez la personne indiquée, on le saigne d'un bras, il est payé. Il apprend la même chose dans un autre endroit : il y court, et se fait encore saigner de l'autre bras. Cet homme, si respectable et si à plaindre, transporté de joie, achète du pain, retourne précipitamment chez lui, le partage entre sa femme et ses enfants. Ils le voient changer de couleur, il s'assied ; le sang coule de ses bras. « Mon ami ! mon père ! qu'avez-vous ? lui demande-t-on. Vous vous êtes fait saigner ! — Ma chère femme ! mes chers enfants ! — leur dit-il avec un profond soupir, et en les tenant embrassés étroitement, c'était... c'était pour vous donner du pain. »

Tu peux juger, mon frère, quels durent être les sentiments de sa famille en apprenant ce dévouement extraordinaire. Ce tendre père était certainement aimé comme il méritait de l'être.

LE PÈRE DE FAMILLE.

Ce trait est aussi beau que vous l'avez dit, ma fille : il vous suffira pour exemple de ce que la vertu porte à faire pour sa famille. Voyons en quoi consiste le *dévouement à la patrie*. Parlez, Paulin.

PAULIN.

Il consiste à préférer l'intérêt de sa patrie au sien propre, et à donner sa vie pour elle quand il en est besoin.

LE PÈRE DE FAMILLE.

Bon : ainsi un prince ou un magistrat qui, loin de s'occuper de son ambition, sacrifie tout son temps, sa fortune, et même sa santé, à la félicité générale, est un homme vraiment vertueux.

Le simple citoyen qui prend sur ses biens pour quelque établissement public, tel qu'une route, un hôpital, etc., fait aussi un acte de dévouement pour sa patrie.

Enfin, celui qui donne le plus, et auquel assez ordinairement on en sait moins de gré, est le militaire qui s'expose à la mort pour maintenir les lois de son pays et préserver ses concitoyens d'un esclavage étranger.

PAULIN.

Pour donner à ma sœur une idée du dévouement d'un militaire, je vais raconter la mort du jeune *d'Assas*.

D'Assas était capitaine au régiment d'*Auvergne*. Pendant la guerre de 1770, se trouvant la nuit à l'entrée d'un bois, il y pénétra seul, de peur de surprise. A peine eut-il avancé de quelques pas, qu'il se sentit environné d'une troupe d'ennemis qui lui mirent la baïonnette sur la poitrine en le menaçant de le tuer, s'il disait un seul mot. Ce silence, en favorisant l'embuscade des ennemis, perdait un grand nombre de Français; d'Assas ne balança pas à donner sa vie pour le salut de plusieurs; il s'écrie aussitôt de toutes ses forces : *Auvergne ! faites feu ; ce sont les ennemis !* A ces mots, il est frappé de plusieurs coups, et tombe victime de son dévouement héroïque. Telle est la vertu du militaire.

LE PÈRE DE FAMILLE.

Cette mort lui a valu parmi nous une réputation immortelle, et Dieu, qui voit le fond de nos cœurs, et qui ne laisse nulle belle action sans récompense, a sans doute couronné, dans le séjour des justes, un trait qui est moins encore un acte de bravoure que d'humanité.

Je ne vous présenterai pas les unes après les autres les différentes espèces de vertus dont un homme peut s'honorer à l'égard de son semblable : votre cœur vous dira toujours quand vous ferez bien ; et, chaque fois que vous sentirez en vous une louable impulsion, ne craignez point de vous y livrer. Examinons ce que sont les *vertus personnelles*.

Des vertus personnelles.

Par ce mot, je veux vous faire entendre, mes enfants, les efforts qu'un cœur généreux fait sur lui-même pour réprimer les désirs pernicieux qui s'y élèvent.

Au premier abord, il semble que nos passions et nos vices ne doivent faire du mal qu'à nous; mais, en nous dépravant, ils nous rendent funestes à ceux qui nous entourent. Le gourmand et l'ivrogne usent leur santé et ruinent leurs familles ; le paresseux fait doublement souffrir de sa nonchalance et de sa misère, qui la suit, ceux qu'il devrait soutenir par son travail. Nous avons vu dans Alexandre le Grand un effet terrible de la colère et du vin. Toutes nos passions deviennent dangereuses quand elles ne sont point réprimées dès l'origine. C'est donc là que doit principalement s'appliquer notre courage. Ainsi, mes chers enfants, dès que vous vous apercevrez de quelque inclination vicieuse, étouffez-la sans pitié : point d'indulgence pour ces premiers désirs qui nous flattent, et finissent par nous perdre.

Il y a une vertu personnelle, qui est plus avantageuse à nous qu'aux autres, et que nous devons cultiver aussi avec soin, parce qu'elle nous maintient dans notre dignité : c'est la *patience à souffrir* les maux et les malheurs inévitables. Celui qui, au premier mal, se lamente et se plaint du sort, est un lâche qni n'a pas réfléchi que, dans ce monde, nous sommes sans cesse exposés à souffrir, et que ces plaintes ne font que le dégrader sans le guérir : celui qui, tombé dans l'infortune, ne sait pas supporter avec résignation son sort, est bien près de faire une bassesse pour changer de situation. Le courage à souffrir ennoblit notre malheur, et diminue déjà les peines qui l'accompagnent. Écoutez quelques traits de l'histoire d'un philosophe célèbre qui, dans le plus bas degré de l'infortune, montre une âme qui le mit au-dessus de la douleur même.

Epictète était faible de corps, contrefait, et, pour comble de misère, esclave d'un homme méchant, qui le traitait avec moins de pitié encore que l'on traite un animal élevé pour nos caprices et nos besoins. Il avait le droit de se plaindre ; mais à quoi cela aurait-il servi ? «*Je suis*, disait-il, *dans la place où la Providence voulait que je fusse : m'en plaindre, c'est l'offenser.* » Il regardait, avec raison, comme la marque d'un cœur corrompu, de ne se consoler qu'en voyant les autres souffrir les mêmes maux que nous. « *Quoi !* s'écriait-il à ce sujet, *si l'on vous condamnait à perdre la tête, faudrait-il que tout le genre humain fût condamné au même supplice ?* » Il supportait son extrême pauvreté comme les autres maux.

« *Nous avons grand tort*, disait-il, *d'accuser la pauvreté de nous rendre malheureux: c'est l'ambition, ce sont nos insatiables désirs qui nous rendent réellement misérables. Fussions-nous maîtres du monde entier, sa possession ne pourrait nous délivrer de nos frayeurs et de nos chagrins : la raison a seule ce pouvoir.* » Sa conduite répondit à des principes aussi beaux. En voici une preuve éclatante. Son maître, dans un de ces caprices ordinaires aux gens durs, lui donna un jour un grand coup sur la jambe. Épictète l'avertit froidement qu'il allait la rompre. Le barbare redoubla, de telle sorte qu'en effet il lui cassa l'os. Le sage lui dit alors, sans s'émouvoir : « *Ne vous avais-je pas averti que vous la casseriez ?* »

En vous rappelant de pareils exemples, mes enfants, je ne veux point vous astreindre à les imiter à la lettre : il y a une sorte de courage qui n'est le partage que de quelques âmes privilégiées. Vouloir l'exiger de tous les hommes indifféremment, serait presque une cruauté : mon but est de vous apprendre à assister aux maux et aux malheurs avec assez de force pour que vous ne vous avilissiez point par de lâches plaintes, et encore moins par des actions répréhensibles.

Parlons maintenant d'une vertu qui couronne toutes les autres, et les fait trouver plus belles encore : c'est la modestie, mes enfants ; je veux dire *cette modestie qui nous fait faire le bien pour le bien même*, et non pour nous en vanter. Celui qui oblige quelqu'un pour avoir le plaisir d'en faire parade est un orgueilleux sans délicatesse, qui ajoute l'humiliation au bienfait. Le bien que l'on fait par vertu et qui a un mérite complet est celui qui se fait dans le silence. Je vais, mes enfants, vous en rapporter un exemple illustre, et que je vous engage fortement à imiter. Celui qui nous l'a donné est un des plus célèbres philosophes de notre nation, *Montesquieu*, auteur d'un ouvrage immortel, intitulé *l'Esprit des lois*.

Ce grand homme était à Marseille et se promenait sur le rivage de la mer. Un jeune homme, nommé *Robert*, attendait que quelqu'un entrât dans un batelet. Montesquieu s'y plaça ; mais un instant après il se préparait à en sortir, malgré la présence de Robert, qu'il ne soupçonnait pas d'en être le patron. Il lui dit que, puisque le conducteur de cette barque ne se montrait pas, il allait passer dans une autre. « Monsieur, lui dit le jeune homme, celle-ci est la mienne ; voulez-vous sortir du port ? — Non, Monsieur ; il n'y a plus qu'une heure de jour, je voudrais seulement faire quelques tours dans le bassin pour profiter de la fraîcheur et de la beauté de la soirée. Mais vous n'avez point l'air d'un marinier ni le ton de cet état. — Je ne le suis pas en effet, reprit le jeune homme : ce n'est que pour gagner de l'argent que je le fais, les dimanches et les fêtes. — Quoi ! avare à votre âge ! dit Montesquieu ; cela dépare votre jeunesse et diminue l'intérêt qu'inspire votre heureuse physionomie. — Ah ! Monsieur, si vous saviez pourquoi je désire si fort de gagner de l'argent, vous n'ajouteriez pas à ma peine celle de me croire un caractère si bas. — J'ai pu vous faire tort, repartit Montesquieu, mais vous ne vous êtes pas expliqué. Faisons notre promenade, et vous me conterez votre histoire.

« Mon malheur, dit le jeune homme en faisant avancer le bateau, est de voir mon père dans les fers sans pouvoir l'en retirer. Il s'était procuré, de ses épargnes et de celles de ma mère, dans le commerce des modes, un intérêt sur un vaisseau en charge pour Smyrne ; il a voulu veiller lui-même à l'échange de sa pacotille et en faire le choix. Le vaisseau a été pris par un corsaire et conduit à Tétuan, où mon malheureux père est esclave avec le reste de l'équipage. Il faut deux mille écus pour sa rançon ; mais comme il s'était épuisé afin de rendre son entreprise plus importante, nous sommes bien éloignés d'avoir cette somme : cependant ma mère et mes sœurs travaillent jour et nuit, j'en fais de même chez mon maître dans l'état de joaillier que j'ai embrassé, et je cherche à mettre à profit les dimanches et les fêtes. Nous nous sommes retranchés jusque sur les besoins de première nécessité, une seule petite chambre forme tout notre logement. Je croyais d'abord aller prendre la place de mon père, et le délivrer en me chargeant de ses fers, j'étais prêt à exécuter ce projet, lorsque ma mère, qui en fut informée, je ne sais comment, m'assura qu'il était aussi impraticable que chimérique, et fit défendre à tous les capitaines du Levant de me prendre sur leur bord. — Et recevez-vous quelquefois des nouvelles de votre père ? demanda Montesquieu ; savez-vous quel est son patron à Tétuan, quels traitement il y éprouve? — Son patron est intendant des jardins du roi ; on le traite avec humanité, et les travaux auxquels on l'emploie ne sont pas au-dessus de ses forces ; mais nous ne sommes pas avec lui pour le consoler, pour le soulager : il est éloigné de nous, d'une épouse chérie et de trois enfants qu'il aima toujours avec tendresse. — Quel nom porte-t-il à Tétuan ? — Il n'en a point changé ; il s'appelle *Robert*, comme à Marseille. — Robert, chez l'intendant des jardins du roi ? — Oui, Monsieur. — Votre malheur me touche ; mais, d'après vos sentiments, j'ose vous présager un meilleur sort, et je vous le souhaite bien sincèrement. En jouissant du frais, je voulais me livrer à la solitude : ne trouvez donc pas mauvais, mon ami, que je garde le silence. »

Lorsqu'il fut nuit, Robert eut ordre d'aborder. Alors Montesquieu sort du bateau, lui remet une bourse entre les mains, et, sans lui laisser le temps de le remercier, s'éloigne avec précipitation. Il y avait dans cette bourse huit doubles louis en or et dix écus en argent. Une telle générosité lui donna la plus haute opinion de celui qui en était capable ; mais ce fut en vain que Robert fit des vœux pour le rejoindre et lui en rendre grâces.

Six semaines après cette époque, cette

famille honnête, qui continuait sans relâche à travailler pour compléter la somme dont elle avait besoin, prenait un dîner frugal composé de pain et d'amandes sèches : elle voit arriver Robert le père très-proprement vêtu, qui la surprend dans sa douleur et sa misère. Qu'on juge de l'étonnement de sa femme et de ses enfants, de leurs transports, de leur joie ! Le bon Robert se jette dans leurs bras, et s'épuise en remercîments sur cinquante louis qu'on lui a comptés en s'embarquant dans le vaisseau, où son passage et sa nourriture étaient acquittés d'avance, sur les habillements qu'on lui a fournis : il ne sait comment reconnaître tant de zèle et tant d'amour.

Une nouvelle surprise tenait cette famille immobile, ils se regardaient les uns les autres. La mère rompt le silence ; elle imagine que c'est son fils qui a tout fait ; elle rapporte à son père comment, dès l'origine de son esclavage, il a voulu aller prendre sa place, et comment elle l'en avait empêché. « Il fallait six mille francs

pour la rançon ; nous en avions, poursuit-elle, un peu plus de la moitié, dont la meilleure,partie était le fruit de son travail ; il aura trouvé des amis qui l'auront aidé. »
Tout à coup, rêveur et taciturne, le père paraît consterné, puis, s'adressant à son fils : « Malheureux ! qu'as-tu fait ? comment puis-je te devoir ma délivrance sans la regretter ? Comment pouvait-elle rester un secret pour ta mère sans être achetée au prix de la vertu ! A ton âge, fils d'un infortuné, d'un esclave, on ne se procure point les ressources qu'il te fallait. Je frémis de penser que l'amour filial t'ait rendu coupable : rassure-moi, sois vrai, et mourons tous si tu as pu cesser d'être honnête. — Tranquillisez-vous, mon père, répondit-il en l'embrassant ; votre fils n'est pas indigne de ce titre, ni assez heureux pour vous prouver combien vous lui êtes cher. Ce n'est pas à moi que vous devez votre liberté : je connais notre bienfaiteur. Souvenez-vous, ma mère de cet inconnu qui me donna sa bourse ; il m'a fait bien des questions : c'est certainement lui qui est notre bienfaiteur.

Je passerai ma vie à le chercher ; je le trouverai, et il viendra jouir du spectacle de ses bienfaits. » Ensuite il raconta à son père l'anecdote de l'inconnu, et le rassura ainsi sur ses craintes.

Rendu à sa famille, Robert trouva des amis et des secours ; les succès surpassèrent son attente. Au bout de deux ans, il acquit de l'aisance ; ses enfants, qu'il avait établis, partagèrent son bonheur, et il eût été sans mélange si les recherches continuelles du fils avaient pu faire découvrir ce bienfaiteur, qui se dérobait avec tant de soin à leur reconnaissance et à leurs vœux. Enfin il le rencontre un dimanche, se promenant sur le port. « Ah ! mon bienfaiteur ! c'est tout ce qu'il peut prononcer en se jetant à ses pieds, où il tombe sans connaissance. Montesquieu se hâte de le secourir, et lui demande la cause de son état. — Quoi ! Monsieur, pouvez-vous l'ignorer ? lui répondit le jeune homme ; avez-vous oublié Robert et sa famille infortunée, que vous rendîtes à la vie en lui rendant son père ? — Vous vous méprenez, mon ami, dit le vertueux Montesquieu, qui voulait absolument rester iuconnu, et vous ne sauriez me connaître : étranger à Marseille, je n'y suis que depuis peu de jours. — Tout cela peut être ; mais souvenez-vous qu'il y a vingt-six mois que vous y étiez aussi ; rappelez-vous cette promenade dans le port, l'intérêt que vous prîtes à mon malheur, les questions que vous me fîtes sur les circonstances qui pouvaient vous éclairer et vous donner les lumières nécessaires pour être notre bienfaiteur. Libérateur de mon père, pouvez-vous oublier que vous êtes le sauveur d'une famille entière qui ne désire plus rien que votre présence ? Ne vous refusez pas à ses vœux, et venez voir les heureux que vous avez faits. — Je vous l'ai déjà dit, mon ami, vous vous méprenez. — Non, Monsieur, je ne me trompe point : vos traits sont trop profondément gravés dans mon cœur pour que je puisse vous méconnaître. Venez, de grâce. »

En même temps il le prenait par le bras, et lui faisait une sorte de violence pour l'entraîner. Une multitude de monde s'assemblait autour d'eux. Alors Montesquieu, pour s'en débarrasser entièrement, éleva la voix d'un ton plus grave et plus ferme : « Monsieur, dit-il, cette scène commence à devenir fatigante. Quelque ressemblance occasionne votre erreur ; rappelez votre raison, et allez dans votre famille prendre quelque tranquillité, dont vous me paraissez avoir besoin.

— Quelle cruauté ! s'écrie le jeune homme ; bienfaiteur de cette famille, pourquoi altérer par votre résistance le bonheur qu'elle ne doit qu'à vous ? Resterai-je en vain à vos pieds ? serez-vous assez inflexible pour refuser le tribut que nous devons depuis si longtemps à votre sensibilité ? Et vous, qui êtes ici présents, vous que le trouble et le désordre où vous me voyez doivent attendrir, joignez-vous tous à moi pour que l'auteur de mon salut vienne contempler son propre ouvrage ! »

A ces mots, Montesquieu parut se faire quelque violence ; mais lorsqu'on s'y attendait le moins, réunissant toutes ses forces et rappelant son courage pour résister à la séduction de la jouissance délicieuse qui lui est offerte, il s'échappe comme un trait du milieu de la foule, et disparaît en un instant.

L'auteur d'une action aussi belle serait encore inconnu, si, après sa mort, on n'eût trouvé dans ses papiers une note de 7,500 francs envoyés à un banquier de Cadix. Les héritiers ayant écrit à ce banquier pour savoir à quel usage cette somme avait été employée, il fut répondu qu'elle avait servi à racheter un nommé Robert, de Marseille, esclave à Tétuan. L'énigme fut alors devinée; et l'homme vertueux, quoique dans la tombe, eut sur la terre le prix de louange que notre reconnaissance doit à tout ce qui se fait de bien; je dis *notre* reconnaissance, car, quoique ce ne soit point nous qu'on oblige, nous devons savoir gré à tout auteur d'un bienfait quelconque; ce doit être un motif de joie pour nous de ce qu'il se fait quelque bien dans le monde : notre indifférence à cet égard serait une véritable ingratitude, ce serait un signe que nous n'aimerions guère la vertu.

Je suis bien sûr, mes enfants, que ce que je viens de vous raconter vous a fait une vive impression. Que ce soit pour vous une leçon qui vous apprenne comment les véritables gens de bien obligent le prochain.

Une semblable délicatesse est aussi méritoire devant Dieu que devant tous les hommes. Que le tableau de la famille Robert vous instruise également : le jeune Robert fut l'exemple des bons fils, c'est sur lui que vous devez vous modeler.

Rendre le bien pour le mal.

Voici la plus belle, la plus noble et la plus difficile des vertus. Je vous la propose pour la dernière. Si vous avez le courage de faire du bien à celui qui ne vous a fait que du mal, je réponds de vous : toutes les autres vertus ne vous paraîtront plus que des jeux. Sans doute, au premier abord, il semble presque impossible de se sentir quelque inclination à obliger celui qui prend à tâche de nous desservir : obligez-le cependant ; contraignez-vous jusqu'à ce point, et bientôt vous vous en réjouirez : vous connaîtrez alors tout le prix de la victoire que vous aurez remportée sur vous-mêmes, vous vous en estimerez davantage, et vous en aurez le droit. Ce n'est pas tout : vous aurez pris de vos ennemis la plus noble des vengeances, et la seule permise ; vous aurez en même temps ôté la haine de votre cœur ; vous vous sentirez alors tellement au-dessus de votre ennemi, que vous ne pourrez plus le haïr. Si son cœur, à lui, n'est point dépravé, il ne pourra s'empêcher de vous rendre justice, et même d'avoir pour vous d'aussi bons sentiments qu'il en avait de mauvais. S'il ne revient point à vous, il n'en paraîtra que plus méprisable aux yeux des autres, et vous ne pourrez encore que gagner dans la comparaison que l'on fera de vous et de lui. Enfin, pour mieux imprimer dans vos esprits combien est belle la générosité qui nous fait rendre le bien pour le mal, je vais vous rappeler un *apologue* où cette vertu est bien distinguée de la probité et de l'humanité.

« Un père de famille chargé de biens et

d'années, voulut régler d'avance sa succession avec ses trois fils et leur partager ses biens, fruit de ses travaux et de son industrie. Après en avoir fait trois portions égales, et avoir assigné à chacun son lot : « Il me reste, ajouta-t-il, un diamant de grand prix ; je le destine à celui de vous qui saura mieux le mériter par quelque action noble et généreuse, et je vous donne trois mois pour vous mettre en état de l'obtenir. »

Aussitôt les trois fils se dispersent ; mais ils se rassemblent au temps prescrit ; ils se présentent devant le juge, et voici ce que l'aîné raconte :

« Mon père, durant mon absence, un étranger s'est trouvé dans des circonstances qui l'ont obligé de me confier toute sa fortune ; il n'avait de moi aucune sûreté par écrit, et n'aurait été en état de produire aucune preuve, aucun indice même du dépôt ; mais je la lui ai remise fidèlement : cette fidélité n'est-elle pas quelque chose de louable ? — Tu as fait, mon fils, répondit le vieillard, ce que tu devais faire : il y aurait de quoi mourir de honte si on était capable d'agir autrement, car la probité est un devoir : ton action est une action de justice, ce n'est point une action de générosité. »

« Le second fils plaida sa cause à son tour, à peu près en ces termes : « Je me suis trouvé, pendant mon voyage, sur le bord d'un lac; un enfant venait imprudemment de s'y laisser tomber; il allait se noyer, je l'en ai retiré, et je lui ai sauvé la vie aux yeux des habitants d'un village que baignent les eaux de ce lac; ils pourront attester la vérité du fait. — A la bonne heure, interrompit le père; mais il n'y a point encore de noblesse dans cette action, il n'y a que de l'humanité. »

« Enfin, le dernier des trois frères prit la parole : « Mon père, dit-il, j'ai trouvé mon ennemi mortel qui, s'étant égaré la nuit, s'était endormi, sans le savoir, sur le penchant d'un abîme. Le moindre mouvement qu'il eût fait au moment de son réveil ne pouvait manquer de le précipiter; sa vie était entre mes mains, j'ai pris soin de l'éveiller avec les précautions convenables, et l'ai tiré de cet endroit fatal.

— Ah ! mon fils, s'écria le bon père avec transport en l'embrassant tendrement ; c'est à toi, sans contredit, que la bague est due. »

TROISIÈME PARTIE

DE LA CIVILITÉ

NEUVIÈME ENTRETIEN

De la civilité en général.

LE PÈRE DE FAMILLE.

Nous allons à présent examiner comment on doit se conduire au milieu de ses semblables, quand on a rempli à leur égard tout ce que commandent la morale et la vertu. D'abord, expliquons ce qu'on entend par le mot *civilité*.

Le mot de *civilité* dérive d'un autre mot qui signifie *ville*, *cité ;* ainsi, dans sa signification primitive, *civilité* veut dire *manière de vivre des habitants d'une cité entre eux*. La civilité renferme effectivement toutes les règles par lesquelles nous devons nous conduire dans la société. Elle est très-bien nommée *civilité;* car, en rendant le commerce des hommes entre eux plus facile et plus agréable, elle contribue beaucoup à leur *civilisation*. En effet, une société où personne ne se gênerait où l'on n'aurait aucun égard les uns pour les autres, offrirait fort peu d'agrément, et rendrait bientôt les hommes à l'état sauvage. Cette légère contrainte, que nous nous sommes imposée réciproquement, n'est pas, comme quelques personnes qui ne réfléchissent point sont tentées de le croire, une simple convention, une étiquette inutile : c'est une loi née du besoin ; c'est une branche, un grand principe de la nature : *Fais à autrui ce que tu veux qui te soit fait*. Et, dans le fait, si je suis bien aise qu'on me salue agréablement, ne dois-je pas saluer les autres de même? Quand je m'abstiens de tout ce qui peut choquer ceux avec qui je me trouve, n'est-ce pas pour qu'ils usent des mêmes ménagements à mon égard ? Telle est la base de la civilité parmi les hommes.

Nous l'avons déjà dit, nous sommes pleins d'imperfections morales et physiques ; il est donc en notre pouvoir d'en dérober une partie aux yeux d'autrui, et de supporter celles que les autres ne veulent et ne peuvent point nous cacher ; voilà le but de la civilité ; et par là même elle devient un devoir.

PAULIN.

Quelle différence y a-t-il entre *politesse* et *civilité ?*

LE PÈRE DE FAMILLE.

On confond ces deux termes assez souvent, mais la coutume, qui donne aux mots leur acception véritable, les sépare ainsi : par la *civilité*, on entend tous les égards que l'on est tenu d'avoir les uns envers les autres ; et, par *politesse*, de simples attentions qui tiennent à la coutume, et qui n'ont rien d'utile par elles-mêmes. Ainsi, faire une offre obligeante, s'abstenir de quelque chose qui blesserait autrui : voilà de la civilité ; mais faire un petit compliment, présenter la main à une personne qui peut bien marcher seule, n'est que de la politesse. La première vient donc de la morale, et l'autre de l'amour-propre.

PAULIN.

Dans ce cas, je puis donc me dispenser d'être poli.

LE PÈRE DE FAMILLE.

Un instant, mon fils ; je vous fais distinguer ce qui est utile de ce qui ne tient qu'à l'usage, afin que vous donniez plus à l'un qu'à l'autre ; mais si je vous engageais à ne vivre, dans ce qui a rapport aux coutumes, que selon la stricte raison, je vous rendrais un fort mauvais service.

Je vais vous le mieux faire sentir par une supposition.

Imaginez un homme qui, dans le monde, veut se faire une règle de conduite selon les simples lois du bon sens : il sera un parfait honnête homme, vous n'aurez rien que d'obligeant à attendre de sa part ; mais il paraîtra ridicule aux yeux du public, non parce qu'il sera ridicule en effet, mais parce qu'il sera différent de tout le monde. Si l'on a un vêtement étroit, il en voudra un qui soit ample, parce qu'il est le plus commode ; il ne s'inclinera point devant la personne qui éternue, il entrera sans façon le premier dans un appartement ; il prendra une chaise, s'il est fatigué ; se couvrira la tête devant vous ; vous demandera comment vous vous portez, sans saluer : enfin il prendra de la civilité tout ce qui est réellement obligeant pour les autres, et laissera de côté les cérémonies qui n'en sont que les signes extérieurs. Il n'aura pas grand tort, mais on le regardera comme un original, et les gens qui ne jugent de la politesse d'autrui que sur les révérences qu'on leur fait, l'appelleront grossier personnage. Il est donc bien plus raisonnable pour lui de se conformer aux usages reçus ; il est même d'autant plus raisonnable d'agir ainsi, que la conduite contraire peut blesser beaucoup de gens.

Il y a des personnes à qui une simple omission de politesse à leur égard fait plus de peine qu'un véritable manque de procédés ; elles s'imaginent aussitôt qu'on a eu l'intention de les insulter : c'est une petitesse d'esprit : il faut les plaindre ; mais, puisque si peu de chose leur fait tant de plaisir, pourquoi le leur refuser ? D'ailleurs, on ne porte honneur aux gens que suivant leur manière de voir : vouloir les honorer d'une façon qui les choquerait, serait nécessairement produire l'effet opposé. Il n'y a point de doute à cela. Ainsi, mon fils, comme dans toutes les circonstances de la vie il faut marquer de la bienveillance à ses semblables, soyez poli suivant les usages du temps et du pays où vous vivez.

FÉLICIE.

Mais, mon papa, pourquoi, en nous recommandant d'être polis, ajoutez-vous : *suivant les usages du temps et du pays où vous vivez ?*

LE PÈRE DE FAMILLE.

Parce que, si le sentiment qui nous porte à être polis entre nous est toujours le même, la manière dont s'exprime la politesse change avec le temps, et diffère d'un pays à l'autre. Par exemple, chez nous, offrir à boire dans son verre sans l'avoir rincé auparavant, serait regardé comme une impolitesse, et, dans le fait, c'est une malpropreté. Dans quelques cantons de la Hollande, au contraire, c'est une honnêteté que le maître de la maison fait à ses convives, que de leur présenter à boire dans le verre qu'il vient de vider le premier. Celui qui refuserait de se conformer à cet usage manquerait, dans ce cas, d'égards à des personnes qui n'auraient intention que de lui faire honneur. C'est donc à l'intention qu'il faut répondre, sans prendre garde à la manière qui nous la fait entendre. En Amérique, quand les naturels du pays veulent apprendre à un de leurs hôtes qu'ils le mettent au nombre de leurs amis, ils lui présentent le *calumet*, après avoir fumé les premiers avec cette espèce de pipe. Sans doute un Européen délicat se passerait bien de mettre dans sa bouche cette pipe, qui a déjà passé sur des lèvres malpropres d'une quantité de sauvages : mais quoi ! faut-il, pour une petite répugnance, affliger un honnête homme qui me dit à sa manière : Je suis ton ami ? Ce serait alors plus qu'une grossièreté, ce serait un manque de bienveillance. Si l'on peut s'excuser sans offenser une personne, on aura raison ; mais s'il n'y a pas de moyen, il faut en passer par là : car, pour tout dire en deux mots, la politesse n'est pas de faire la cérémonie qui nous plaît, mais celle qui plaît aux autres.

N'allez pas croire, cependant, que je veuille vous rendre esclaves de cette politesse que je vous recommande. Je vous exhorte, au contraire, très-fort à ne jamais imiter ces gens qui sont toujours à l'affût de toutes les petites cérémonies, qui vous fatiguent de leurs attentions, et vous forcent à chaque minute à rendre une révérence, à leur répondre un *je vous remercie*.

Ces sortes de gens sont de petits esprits qui pensent se donner de la considération, et qui se rendent seulement ridicules. Soyez bons, soyez bienveillants, et vous saurez facilement jusqu'à quel point vous devez être polis.

Au surplus, mes enfants, ce que je vous dis ici, est plutôt pour l'avenir, quand les années vous auront placés parmi les hommes, que pour l'instant. Maintenant vous êtes en quelque sorte dans la dépendance de tout le monde, c'est à vous de prévenir les autres par vos attentions : on ne doit encore rien à votre âge, et vous devez tout à celui des autres. Ce qui vous conviendra à trente ans ne vous convient pas aujourd'hui. Ainsi, prenez garde à distinguer, dans mes instructions, ce qui est pour le présent de ce qui est pour l'avenir.

DIXIÈME ENTRETIEN

LE PÈRE DE FAMILLE.

Afin de ne passer aucun des devoirs qu'exige la civilité, voyons l'emploi d'une journée entière, et commençons par le *lever*.

Du lever.

Puisque nous en sommes sur ce sujet, je vous engage à contracter, pendant tout le temps de votre vie, l'habitude de vous lever de bonne heure. Cette habitude a de grands avantages. D'abord elle est utile à la santé : celui qui reste longtemps au lit éprouve une certaine pesanteur de tête et un besoin plus pressant de dormir encore. Ensuite elle nous donne plus de temps pour nos affaires : une heure de plus que l'on emploie par jour fait déjà beaucoup à la fin d'une seule année; c'est en quelque sorte autant d'arraché à la mort! Oui, mes enfants, d'arraché à la mort! Songez que le sommeil est une espèce d'anéantissement, et le temps que l'on peut lui dérober est un temps réellement acquis. Je veux vous le faire sentir ici par une de ces suppositions que vous aimez.

Supposons que *Pierre* et *Paul* sont morts tous deux à soixante ans. Pierre a cependant trouvé le moyen de vivre beaucoup plus que Paul, et voici comment il s'y est pris : Paul ne se levait jamais qu'à neuf heures du matin ; Pierre, au contraire, était tous les jours sur pied dès cinq heures. Tous les soirs à dix heures, ces deux hommes se mettaient au lit. Ainsi Pierre avait une journée de dix-sept heures, tandis que Paul n'en avait qu'une de treize : c'était donc quatre heures de différence par jour. Quatre heures par jour font, à la fin de l'année, quatorze cent soixante heures, qui donnent cent douze journées à raison de treize heures chacune, comme celles dont Paul jouissait. Vous voyez, mes enfants, que voilà presque un tiers de l'année de plus pour Pierre. Cet avantage n'est-il pas immense? Mais continuons, et vous serez effrayés du temps que Paul a perdu. A la fin de soixante ans, Pierre avait gagné, par sa diligence, six mille sept cent vingt jours, qui font dix-huit ans et huit mois. Remarquez que ces dix-huit ans et huit mois sont pris sur le temps que Paul aurait pu veiller : je ne fais point entrer là dedans le temps que la nature veut que l'on donne au sommeil. Réfléchissez, connaissez le prix du temps, et voyez si vous avez le courage d'en prendre tant sur une vie qui est si courte. Ceci ne tient point aux devoirs de la civilité; mais il est toujours bon que vous entendiez ce qui peut vous être utile, chaque fois que l'occasion s'en présente.

Pour secouer les restes d'un sommeil importun, sautez tout de suite en bas du lit. Si quelqu'un se trouve dans votre chambre, ayez soin de vous couvrir aussitôt de manière qu'on ne voie rien de ce qui doit être caché. C'est surtout à vous, ma fille, que je recommande cette précaution : la pudeur est de rigueur pour les deux sexes, et d'une rigueur encore plus grande pour les femmes ; cette vertu, chez elles, en conserve plusieurs autres : il ne leur arrive jamais de la mépriser sans mépriser en même temps leurs plus imposants devoirs. Si vous êtes seule, soyez encore modeste : vous devez vous respecter devant vous-même, et ne jamais oublier que l'œil de la Divinité pénètre partout.

De la manière de s'habiller, et de la propreté.

Faites en sorte que, dans votre façon de vous habiller, la décence la plus exacte soit toujours observée ; il vous est défendu d'offenser le regard d'autrui. Si la fortune ne vous permet pas d'avoir de beaux vêtements, vous pouvez au moins les disposer de la manière la plus modeste ; vous pouvez aussi vous tenir avec propreté : l'eau se trouve partout; ainsi personne n'a d'excuse pour rester malpropre. Lavez votre figure, vos yeux, votre bouche et vos mains, vous y gagnerez sous tous les rapports. Baignez-vous aussi entièrement, chaque fois que vous le pourrez : vous en serez mieux portants. Les gens qui ne lavent jamais leurs yeux finissent par y avoir mal, ceux qui ne nettoient jamais leur bouche ni leurs dents contractent une mauvaise haleine et voient leurs dents se couvrir d'une saleté jaune, qui les carie et les fait tomber. Quand on ne se baigne jamais, la sueur et la transpiration forment sur le corps une crasse qui, échauffée par la chaleur intérieure, exhale une odeur détestable. Et dites-moi si vous ne tremblez pas chaque fois que vous voyez une main sale s'approcher de vous? Prenez donc garde d'inspirer une semblable répugnance aux autres : songez qu'une personne malpropre est un objet de dégoût que l'on fuit autant qu'on peut. Soyez propres, pour l'intérêt de votre santé, et par égard pour ceux avec qui vous devez vous trouver.

Je ne voudrais pas que cet amour de la propreté, que je cherche à vous inspirer, vous engageât à faire une toilette trop recherchée; c'est ordinairement l'occupation des esprits futiles, ou de gens qui ont des intentions déshonnêtes. Soyez vêtus suivant l'état où vous vous trouverez; surtout évitez de vous singulariser par quelque mode bizarre ou qui n'est point suivie. Une personne de bon sens adopte, à cet égard, la coutume la plus généralement reçue. C'est surtout à vous que je parle, mon fils; encore une fois, ayez de la propreté dans vos vêtements, de l'aisance, du goût et même de l'élégance, mais n'allez pas plus loin. Rien n'est méprisable comme un homme qui ne s'occupe que de sa parure, et qui se présente dans un cercle avec tout l'attirail d'une coquette : c'est un véritable être dégradé.

Quant à vous, ma fille, il vous sera sans doute pardonnable de songer un peu plus à votre toilette : votre sexe a besoin de plaire; mais malheureusement il est un grand nombre de femmes qui outre-passent cette permission. Sachez mieux entendre vos intérêts, ma chère Félicie. Celles qui ne pensent qu'à leurs robes, et qui se font une affaire importante de la mode du jour, sont rarement des femmes tout à fait estimables; aussi les méprise-t-on volontiers. Comme elles ont une envie démesurée de plaire, il est impossible que leurs cœurs soient innocents; ainsi l'on n'est point injuste envers elles en les jugeant avec sévérité. Conduisez-vous avec plus de sagesse; ne donnez à votre parure que le temps nécessaire, et craignez de ne paraître occupée que du soin de faire briller votre figure ou votre taille. Dans le choix des ajustements que la coutume admet, arrêtez-vous à ceux qui sont d'une belle simplicité; par là on jugera de votre goût et de votre esprit. Une femme qui court après une mode bizarre est une folle qui ne sait ce qui convient ni à la beauté ni à la raison. Dans le fait, que peut-on attendre de bon d'une personne qui ne craint pas de paraître ridicule? Je ne vous dirai rien de celles qui blessent la pudeur; elles montrent ouvertement combien elles se méprisent elles-mêmes, et combien peu elles se soucient de respecter les autres.

ONZIÈME ENTRETIEN

Un enfant bien élevé n'est pas plutôt habillé qu'il se met à genoux et élève son cœur à la Divinité, ainsi que je vous l'ai dit ailleurs; ensuite il va s'informer comment ses parents ou ses supérieurs ont passé la nuit. Ce dernier devoir ne doit pas être une simple politesse : c'est dans tout cœur sensible le désir d'apprendre si les personnes qui lui sont chères jouissent toujours d'une bonne santé.

Du respect dû aux vieillards.

Le respect que vous devez témoigner à vos parents me conduit à vous parler de celui que vous devez aux vieillards.

Quand vous en rencontrerez un, empressez-vous de le saluer, non pas avec la légèreté qu'on met à saluer son égal, mais avec respect : songez que c'est un hommage que vous rendez à la vieillesse.

Gardez-vous bien d'imiter les enfants mal élevés, et les gens qui ont un cœur assez dépravé pour prendre plaisir à se moquer de ceux que l'âge seul rendrait respectables, quand rien, d'ailleurs, ne les ferait respecter ; leurs infirmités sont dignes de notre compassion, et c'est une cruauté horrible que d'en faire un sujet de raillerie.

Partout où vous trouverez des vieillards, cédez-leur la place la plus honorable. Je veux vous raconter à ce sujet un trait historique qui vous fera plaisir. *Sparte* était une petite république où toutes les vertus étaient en honneur ; *Athènes* était une autre république où l'on se faisait, au contraire, souvent gloire des plus vilains vices. Un jour on donnait une fête dans cette dernière ville : un vieillard arriva tard au théâtre ; toutes les places étaient prises, et il chercha longtemps sans pouvoir trouver où s'asseoir. Les jeunes Athéniens, loin de lui offrir seulement un petit coin, prenaient plaisir à se moquer de son embarras, et à se le renvoyer les uns aux autres. Les ambassadeurs de Sparte, qui avaient au spectacle une place distinguée, s'étant aperçus de ce qui se passait, appelèrent ce pauvre vieillard, et se dérangèrent pour le placer au milieu d'eux. Cette action ne fut-elle pas aussi honorable aux Spartiates qu'elle fut honteuse aux Athéniens? Je suis bien sûr, mes enfants, que vous aimeriez mieux avoir agi comme les premiers que comme les derniers.

Écoutez aussi en silence le vieillard qui vous parle; car non-seulement son âge lui accorde le droit de se faire écouter, mais ses années lui ont donné une expérience qui ne peut que vous devenir utile.

En général, un enfant qui a des égards pour la vieillesse fait bien penser de lui : on est presque certain d'avance qu'il a un excellent caractère, et l'on doit espérer que ce sera un homme honnête, prévenant et porté à obliger ceux qui auront recours à lui.

De la docilité et de la condescendance.

Je ne vous dirai pas que vous devez être dociles avec vos parents ; vous vous rendriez véritablement coupables si vous refusiez d'obéir aux auteurs de vos jours, à ceux qui ne vivent presque pas un instant sans s'occuper de vous, et dont les soins et les peines n'ont d'autre but que votre bonheur. Refuser d'obéir à ses parents, c'est commettre deux grandes fautes : la première outrage la nature, et la seconde nous est préjudiciable : nous tenons tout de nos père et mère ; ainsi, il ne nous est pas permis d'avoir d'autre volonté que la leur : ils ne nous commandent rien que pour notre avantage ; nous ne pouvons donc, sans nous faire tort, nous soustraire à leurs ordres !

Si je parlais à d'autres enfants que vous, je leur dirais : Obéissez dès que votre père ou votre mère s'est expliqué, faites tout de bonne grâce et avec joie ; c'est donner un nouveau prix à son obéissance. Rien n'est plus désagréable que ces enfants qui ne font jamais rien qu'en murmurant; ce sont des êtres insupportables, qui semblent craindre de donner quelque satisfaction, et qui certainement n'en doivent jamais recevoir. Puisqu'ils sont contraints d'obéir, que ne font-ils au moins comme si c'était de leur propre mouvement? On aime naturellement ces enfants dont la figure riante annonce la bonne volonté ; mais on ne voit qu'avec peine ces petits misérables qui semblent toujours en rébellion contre ceux qui les entourent; leur visage triste et rechigné dit d'avance : Voilà un petit mauvais sujet qu'il faut laisser seul dans un coin.

Les avantages de la docilité sont immenses dans un enfant; écoutez bien.

L'enfant docile est aimé, et c'est un si grand bonheur que de se faire aimer! on doit tout faire pour y parvenir.

L'enfant docile fait tous ses efforts pour suivre les conseils de ses maîtres : il s'instruit donc facilement, est rarement puni et devient habile. Jugez combien il lui sera agréable, dans la suite, de se voir plus instruit et plus estimé que tant d'ignorants qui, la plupart, ont été des obstinés et des paresseux dans leur enfance.

L'enfant docile se prépare un avenir heureux. Il faut obéir toute sa vie, mes enfants : aujourd'hui c'est à vos parents, à vos maîtres; dans la suite ce sera à vos supérieurs, à vos devoirs, aux circonstances, et même à des gens dont vous vous soucierez fort peu. On ne peut jamais faire toute sa volonté : tous les hommes, même les plus riches, dépendent les uns des autres. Applaudissez-vous donc, mes petits amis, de savoir ployer votre caractère à l'obéissance, il vous sera plus facile de vous acquitter de ce que vous serez tenus de faire. S'agira-t-il d'exécuter l'ordre d'un supérieur, cela ne vous coûtera pas plus que d'apprendre aujourd'hui une leçon. Faudra-t-il, pour gagner votre subsistance, vous restreindre à un travail désagréable, vous vous y livrerez avec courage, en cherchant le peu de plaisir qu'il pourra vous offrir. Voilà ce que vous ferez; et votre esprit, toujours plus calme, saura trouver quelque agrément même dans le sort le plus triste. Il n'en est pas de même de l'homme qui, dans son enfance, a été opiniâtre, et qui n'a jamais obéi qu'en murmurant; son caractère s'est aigri, il ne se voit pas plutôt obligé de faire une chose, qu'il se dépite, murmure encore, déplaît aux autres, remplit assez mal sa tâche, et se fait de la peine à lui-même. Ne le voilà-t-il pas bien avancé! Quand cet homme-là réussirait dans toutes ses entreprises, il serait encore plus malheureux que celui qui s'est formé un caractère facile; car, avec un esprit qui se révolte aux moindres contrariétés, il n'est jamais possible de trouver un instant de bonheur.

Non-seulement il faut obéir à tous ceux qui nous commandent dans la vie, mais il faut encore, par politesse, condescendre aux autres, dans l'usage journalier de la société.

Vous, mes enfants, votre âge vous oblige à céder à tout le monde; quand vous serez au nombre des hommes, vous aurez le droit de résister, si ce que les autres exigent ne vous paraît pas juste. Mais, en général, cédez plutôt avec aménité dans les choses de peu d'importance : c'est un signe de mauvais caractère que de vouloir toujours l'emporter : et, comme il faut nécessairement blesser l'amour-propre des autres, on finit toujours par se faire détester. Si vous vous croyez obligé de vous défendre, faites-le avec modestie, paisiblement, et d'une manière qui ne soit jamais offensante pour personne : votre intérêt même vous porte à user de cette douceur; vous persuaderez plus aisément, et il ne sera point pénible aux autres d'avouer leurs torts. Par une conduite contraire vous les révolteriez, et n'en pourriez rien obtenir.

Ceci nous mène naturellement à la manière dont il faut se conduire dans la conversation.

Comment il faut se conduire dans la conversation.

Tant que vous serez enfants, vous ne devez point vous mêler à la conversation des personnes plus âgées que vous, à moins qu'on ne vous y engage, ou que l'on ne vous adresse la parole. Écoutez en silence; si l'on dit des choses utiles, profitez-en; mais, dans aucun cas, n'ayez l'air ennuyé ou distrait.

S'il vous est permis de parler, prenez bien garde d'abuser de la permission, et de vous mettre au nombre de ceux qui se font entendre continuellement, sans jamais donner aux autres le temps de dire ce qu'ils pensent.

Si quelqu'un parle, laissez-lui achever ce qu'il a à dire; rien n'est plus malhonnête que de couper la parole aux autres. Attendez votre tour sans impatience; surtout écoutez celui qui vous parle, et ne faites pas comme certaines gens qui, regardant de côté et d'autre, paraissent occupés de tout autre chose que de ce qu'on leur dit.

Quand vous parlez, que ce soit d'un ton modéré, ni trop haut ni trop bas; faites en sorte que vos discours soient doux, honnêtes et sans affectation.

Parlez aux gens suivant leur âge, leur condition, étudiez même leur humeur, pour ne rien dire qui leur fasse peine; respectez l'opinion des autres; ne cherchez point inutilement à la détruire; c'est apporter de l'aigreur dans la conversation. Si cependant on vous force à dire la vôtre, faites-le, car la franchise est une vertu; mais que ce soit toujours avec modération, et comme avec crainte de blesser celle d'autrui.

Si quelqu'un vous raille, supportez la raillerie; ou, si vous le pouvez, répondez-y avec gaieté, et par une autre raillerie, si elle est innocente. Comme, dans le monde, il faut se trouver avec toutes sortes de gens, on aurait grand tort de se fâcher pour les plaisanteries dont nous pouvons être l'objet. Quant à vous, mes enfants, fuyez ce mauvais genre d'amusement : c'est ordinairement la ressource des sots, qui ignorent toujours qu'ils sont plus ridicules que les autres, ou des gens dont l'esprit est méchant, et qui cherchent à humilier ceux avec qui ils se trouvent.

Si, par hasard, on vous injurie, répondez avec fermeté ; donnez de bonnes raisons, mais ne vous emportez jamais. La modération de votre conduite fera la honte de vos adversaires, et mettra dans votre parti tous les gens sensés qui se trouveront présents.

Il y a des personnes qui prennent plaisir à faire mille grimaces, à contrefaire les autres pour amuser ceux qui les regardent : laissez ce soin aux bouffons et à ceux qui ne savent pas se respecter. Ne cherchez pas non plus à dire ou à faire de mauvaises plaisanteries ; tout cela annonce de petites têtes, des esprits frivoles, et fait quelquefois de la peine aux autres.

Surtout, qu'il ne sorte jamais de paroles déshonnêtes de votre bouche : si l'on en laisse échapper quelques-unes devant vous, gardez le silence, et que votre contenance seule apprenne que cela vous afflige.

Il ne faut pas non plus amener le discours sur des objets dégoûtants, principalement pendant le repas. Assortissez votre conversation au ton de la société où vous vous trouverez; si les personnes sont dans la joie, il est assez inutile d'aller les attrister par des discours qui rappelleraient quelque malheur; mais il y aurait une insensibilité blâmable à blesser par une gaieté déplacée ceux qui sont dans l'affliction.

Si vous avez quelque récit à faire, faites-le rapidement, et ne mettez pas vos auditeurs au supplice par un long et inutile verbiage.

Si vous avez quelque chose à affirmer, que ce soit avec simplicité, et non avec serment, comme certaines personnes mal élevées ont coutume de faire pour les moindres choses. Comme il faut toujours avoir de la condescendance pour ceux avec qui on se trouve, ne cherchez point à faire rouler la conversation exclusivement sur ce que vous savez le mieux, et ne proposez point des questions difficiles, où les autres n'entendraient rien : il faut, au contraire, avoir l'attention de faire briller chacun à son tour et de proportionner ses discours aux connaissances et à l'intelligence des personnes qui s'entretiennent de vous.

Gardez-vous aussi de reprendre les autres; c'est un vilain rôle à faire, et qui déplaît toujours sans jamais rien produire de bon.

Si quelqu'un, en parlant, a de la peine à trouver ses mots, ne lui suggérez point ce qu'il faut dire, à moins qu'il ne soit votre inférieur, et que vous n'ayez le droit de l'instruire.

Si vous arrivez au milieu d'une compagnie, ne demandez pas de quoi l'on parle, à moins que vous ne soyez le maître de la maison; et si c'est vous qui parlez, quand une personne d'autorité arrive, il est bon que vous répétiez en peu de mots ce que vous avez commencé.

Ne faites point répéter une personne qui parle, en lui disant: « Comment dites-vous? je ne vous ai point entendu, » ou toutes autres paroles.

N'affectez point d'avoir quelque secret à confier tandis que l'on s'entretient; ne montrez point du doigt les personnes dont vous parlez, si elles sont présentes; ne faites point de gestes outrés et n'éclatez point de rire à contre-temps. En rapportant un fait, ne dites pas de qui vous le tenez, si vous pensez que cela fasse quelque peine à celui qui vous l'a dit. Dans la société, la discrétion est la première qualité : car comment oserais-je vous confier un secret si vous alliez aussitôt le révéler ?

Lorsque quelqu'un, en votre présence, dit ou fait quelque chose qui n'est point à dire ou à faire, si vous vous apercevez que ce soit par surprise, et qu'il est humilié dans la réflexion qu'il fait lui-même, vous agiriez contre la civilité et contre la charité de révéler cette parole ou cette action, parce qu'il ne faut faire honte à personne. Faites donc semblant de ne vous en être point aperçu ; et, s'il fait quelque excuse, tâchez de donner une bonne interprétation à la chose, pour l'excuser lui-même à ses propres yeux.

Gardez-vous bien de vous vanter et de rien dire à votre avantage, cela est insupportable à ceux qui vous écoutent et qui pensent que vous voulez vous élever au-dessus d'eux.

Si quelqu'un vous loue, ne vous en réjouissez pas comme pour y prendre plaisir; c'est la marque d'une personne qui aime à être flattée; mais excusez-vous modestement ou coupez le discours : dans ce cas, ce ne sera point une incivilité; autrement, contentez-vous de baisser les yeux en vous inclinant.

N'ôtez rien aux louanges que l'on donne aux absents : on vous croirait envieux. Si, au contraire, on blâme injustement une personne dont vous connaissez la bonne conduite, prenez-en la défense; rendez-lui justice, mais cependant, autant qu'il vous sera possible, de façon à ne point blesser celui qui a avancé le discours.

Il faut quelquefois dire des choses agréables aux autres; mais il ne faut jamais flatter personne, ni donner une louange qui n'est point due; c'est là le caractère des esprits bas et rampants.

Ne soyez point non plus de ces complimenteurs insipides, qui exagèrent tout le bien qu'ils savent de ceux à qui ils adressent leurs fadeurs.

Craignez aussi de vous trouver du nombre de ces gens qui font mille offres de services sans avoir intention d'en tenir une seule. Quoique tout le monde sache bien que ces sortes d'offres ne sont que de vaines paroles dont on use comme de formules honnêtes, ce n'en sont pas moins des faussetés. D'ailleurs, en les employant, on s'accoutume à un langage exagéré, qui n'est propre qu'à nous rendre ridicules, et, qui pis est, à nous faire regarder comme une espèce de menteur. Dans le fait, comment voulez-vous que l'on croie à vos protestations véritables, si l'on vous entend tous les jours dire à propos de rien : « *Je suis votre très-humble serviteur; je vous suis tout dévoué; disposez de moi; je serai trop heureux de pouvoir vous obliger* », et mille autres mensonges semblables? Un honnête homme doit imprimer à son langage le caractère de la vérité, et l'exagération ne sert qu'à lui donner le caractère contraire.

Comment on doit se gouverner dans une compagnie.

C'est par votre façon de vous conduire dans la société que les gens qui ne vous connaissent pas encore prendront une bonne ou mauvaise opinion de vous : il vous importe donc de ne rien négliger à cet égard.

En entrant dans un lieu où sont réunies plusieurs personnes, saluez avec modestie, en vous inclinant assez profondément et en baissant les yeux, d'abord le maître et la maîtresse de la maison, et ensuite les autres personnes, en continuant par les plus apparentes.

Si tout le monde est assis, prenez la place qui se trouve vacante, ou celle que l'on vous indique.

Dans quelque situation que vous soyez, laissez à votre corps sa position naturelle : ce qui est affecté est toujours ridicule. Si vous êtes assis, tenez vos pieds également posés à terre, sans avoir les jambes ni trop écartées ni trop rapprochées. N'imitez point ces gens qui s'étendent sans façon devant tout le monde, comme s'ils étaient seuls, et qui, par cette posture indécente, semblent mépriser tous ceux qui se trouvent présents. Ne remuez point non plus vos jambes à la manière des enfants mal élevés. Ne vous agitez point sur votre chaise à chaque instant, comme font les personnes ennuyées ou impatientes.

C'est surtout à vous, ma fille, que ceci s'adresse. Le maintien dit beaucoup pour ou contre une personne de votre sexe. Aussi vous devez vous permettre beaucoup moins de libertés que les jeunes garçons : ce qui ne serait qu'une étourderie de leur part serait de la vôtre une indécence.

On est convenu, dans toute société choisie, que les hommes auraient la tête découverte ; ainsi, mon fils, vous devez suivre la coutume : si vous êtes incommodé, et que vous soyez chez des personnes où vous puissiez demander la permission de vous tenir couvert, faites-le : car il vaut encore mieux avoir égard à sa santé qu'à une simple étiquette, qui n'est pas de la véritable civilité.

Ayez l'air attentif à l'entretien qui occupe la compagnie; ne vous frottez point les mains pour faire passer le temps, ou pour vous donner une sorte d'importance; ne chantez point non plus entre vos dents : c'est une marque d'ennui, désobligeante pour les autres. Surtout gardez-vous de certaines habitudes malpropres que l'on rencontre chez quelques personnes, comme de ronger ses ongles avec ses dents, de toucher à ses cheveux, de se fourrer les doigts dans le nez : cette dernière action fait soulever le cœur.

Si quelqu'un vous présente quelque chose, recevez cette chose avec un léger sourire, et en vous inclinant doucement. En présentant vous-même un objet, observez à peu près la même cérémonie. S'il s'agit d'un couteau, d'une cuiller, ou de toute autre chose qui a un côté par où on la prend, ayez soin de tourner ce côté vers la main de la personne qui reçoit.

Si l'on vous fait un présent, n'allez pas vous aviser de critiquer ce don, surtout devant celui qui vous l'a fait : ce serait un signe d'ingratitude et une action tout à fait désagréable à celui qui aurait cru vous faire plaisir : montrez-vous, au contraire, fort satisfait ; il serait tout aussi incivil de louer le présent que vous-même feriez à une personne : il semblerait alors que vous exigeriez une reconnaissance plus grande, et vous auriez, au contraire, affaibli dans le cœur de cette personne le plaisir qu'elle aurait eu à recevoir quelque chose de vous. Il y a une manière de donner, mes enfants, et ce n'est pas celui qui donne le plus qui nous fait le plus de plaisir : c'est celui qui met plus de grâce à donner.

Ceci m'offre l'occasion de vous recommander de mettre la plus grande délicatesse dans les services que vous avez à rendre. Songez que celui qui a besoin de nous est déjà assez humilié par ce besoin même ; il est donc cruel d'y ajouter encore nos mauvaises manières. Ménagez, autant que vous pourrez, l'amour-propre des autres ; c'est une véritable humanité, et c'est par là que l'on gagne des cœurs. Quand vous donnez l'aumône, faites-le également avec grâce; le pauvre qui vous tend la main est une créature humaine comme vous: si vous lui montrez de la dureté ou de l'orgueil, vous blesserez son cœur sans y rien gagner; vous perdrez même à vos propres yeux le mérite de votre action; eh! le plus fort est d'obliger, que coûterait-il d'y ajouter un sourire ?

Cette petite digression nous éloigne un peu de notre sujet; revenons-y. Il y a certaines actions qui, quoique naturelles et même nécessaires, ne doivent pas avoir lieu dans une compagnie. Il serait fort malhonnête de laisser échapper de son estomac quelque vent bruyant et affreux, de se permettre une autre incongruité que je ne nommerai pas. Si vous sentez quelque besoin pressant, sortez pour quelques minutes.

On peut se moucher, cracher et éternuer devant tout le monde, mais il y a manière de satisfaire à ces nécessités.

Quand vous aurez besoin de cracher, tournez-vous le visage tant soit peu de côté en sorte que vous n'incommodiez personne, et mettez aussitôt le pied sur votre salive, pour dérober aux autres ce que cette vue a de dégoûtant. Si vous êtes dans un appartement propre, tirez votre mouchoir et crachez dedans.

S'il s'agit de vous moucher, faites cette action de manière à n'incommoder personne par un bruit semblable à celui d'une trompette ; remettez ensuite votre mouchoir dans votre poche, sans regarder dedans, comme font quelques personnes malpropres.

Quand vous vous sentez disposé à éternuer, tournez-vous un peu de côté, couvrez votre visage avec le mouchoir, et remerciez par une inclination les personnes qui vous auront salué. Cet usage de saluer celui qui éternue n'est d'aucune utilité ; mais il est reçu, il faut le suivre, afin de ne point passer pour incivil dans l'esprit de quelques personnes.

Pour ce qui est de bâiller en compagnie,

il faut s'en abstenir autant que l'on peut : ce serait montrer aux gens avec qui l'on se trouve que leur société nous ennuie. Si cependant l'on y est forcé, il faut se couvrir la bouche de son mouchoir ou de sa main, et ne point parler tant que le bâillement dure.

Quand on fait cercle autour du feu, il faut toujours avoir soin de laisser la place la plus commode aux personnes les plus considérées. N'allez point mettre vos mains dans la flamme, n'allez point surtout vous placer devant les autres, ou tourner le derrière au foyer : cela n'est guère permis qu'à un père de famille parmi ses enfants ou à un maître parmi les gens de sa maison. L'humanité aussi bien que la civilité veulent qu'on fasse place à ceux qui arrivent les derniers ; et que l'on s'accommode un peu en faveur de ceux qui ont le plus besoin de se chauffer.

Si une personne jette quelque chose dans le feu, comme lettres, papiers ou autres choses semblables, il serait très-indiscret de les retirer.

Enfin, pour savoir plus sûrement comment vous devez vous conduire dans une société, voyez ce que font les personnes les mieux élevées, et imitez d'elles ce qui convient à votre âge ou au rang que vous tenez dans cette société. Tâchez de ne pas vous tromper sur ce dernier point ; car rien ne serait plus ridicule et plus incivil en même temps que de prendre des manières et un ton qui appartiendraient à une personne plus considérable que vous.

Je ne dois point terminer cet article sans vous recommander aussi de mettre de l'aisance dans toutes vos actions ; l'air embarrassé est ridicule, et trop de timidité est un défaut. Moins vous aurez de confiance en vous, plus mal vous ferez les choses ; vous serez gauche, gênant pour les autres même ; et votre timidité, jointe à votre maladresse, vous fera souvent prendre pour une personne incivile. Surmontez donc cette crainte puérile, qui vous ferait un si grand tort. N'allez pas avoir trop de confiance en vous non plus : vous finiriez par être suffisant et fat, et ce sont les caractères les plus désagréables que l'on rencontre dans le monde.

En général, apportez dans la société un air doux, prévenant et même joyeux. Si vous avez éprouvé quelques contrariétés, oubliez-les à la porte : il est assez inutile d'aller trouver les gens pour leur faire sentir sa mauvaise humeur et les ennuyer. S'il vous est impossible de montrer un meilleur visage, restez chez vous : c'est ce que vous avez de mieux à faire.

Manière de se conduire à table.

Ne vous mettez jamais à table avec des mains sales ; lavez-les auparavant, si vous n'avez eu ce soin avant de vous présenter devant la compagnie. Si vous êtes dans une maison où l'on donne à laver, attendez votour, et prenez-vous-y de façon à ne gêner personne, et à ne point salir vos mains ni vos habits.

Dans les familles où les devoirs de la religion sont observés, une prière précède toujours et suit le repas : cette coutume est celle de l'homme de bien, qui ne doit jamais user des bienfaits de la Providence sans lui en témoigner sa reconaissance. Si vous vous trouvez dans une maison où l'on néglige cet acte de piété, il ne vous appartient pas d'y trouver à redire ; suivez en silence votre usage à cet égard, ou plutôt priez intérieurement ; l'œil de Dieu voit le fond des cœurs, cela vous suffit, et il est de la prudence de ne point s'exposer, pour ses devoirs religieux, à la raillerie des sots et des gens sans religion.

Quand il s'agit de se mettre à table, attendez que le maître ou la maîtresse vous désigne la place que vous devez occuper, et laissez toujours les personnes plus âgées que vous ou plus considérables s'asseoir les premières.

Ne vous mettez point trop près de la table ni trop loin ; placez-vous de manière à avoir de l'aisance ; faites en sorte que vos coudes ne gênent point vos voisins ; ne les placez pas non plus sur la table, il faut seulement appuyer sur les bords vos poignets, et vous tenir le corps droit.

Vous placerez votre serviette de manière à préserver vos habits, à la trouver quand vous voudrez vous essuyer la bouche et les doigts.

On trouve qu'il est contre la civilité de souffler sa soupe pour la refroidir, particulièrement quand on est en compagnie : on doit attendre ou remuer doucement avec la cuiller.

Ne tendez point précipitamment votre assiette pour être servi des premiers ; attendez votre tour.

Si l'on vous présente un plat, ne prenez point les meilleurs morceaux, surtout quand il y a des personnes plus âgées ou des dames à servir avant vous.

N'essuyez point votre couteau à chaque bouchée de pain que vous coupez ; ne les faites pas trop grosses : coupez votre pain également, sans manger la croûte avant la mie.

Il ne faut pas tenir les bouchées de son pain à pleine main, comme si on voulait les cacher : on les porte à sa bouche avec deux doigts, à mesure que l'on en a besoin.

Ne mangez ni trop vite ni trop lentement : la première façon annonce de l'avidité et fait mal à l'estomac ; l'autre finit par ennuyer tout le monde. Ne remplissez pas trop votre bouche, surtout si vous avez à parler ; cela est dégoûtant pour les autres.

Ne tenez point toujours votre couteau à la main, comme font les gens de village : il suffit de le prendre lorsque vous voulez vous en servir.

Vous ne prendrez point du sel et du poivre avec les doigts : s'il n'y a point sur la table de cuiller destinée à cet usage, prenez-en avec la pointe de votre couteau, après l'avoir essuyé : n'en prenez pas plus que vous n'en voulez user.

Il est contre la bienséance de flairer les viandes, et il faut bien se garder de les mettre dans le plat après les avoir flairées.

Ne parlez point de la qualité des mets, s'ils sont bons ou mauvais, à moins que le maître de la maison ne vous demande votre avis : répondez alors d'une manière qui lui soit agréable.

Si vous trouvez dans les mets quelque malpropreté, comme du charbon ou des cheveux, il ne faut pas les montrer aux autres, de peur de les dégoûter; mais vous les tirerez si adroitement que personne ne s'en aperçoive.

Ne jetez par terre ni os, ni coque d'œufs, ni pelures de fruits ni autre chose qui ne se mange point : vous les mettrez sur le bord de votre assiette; il en est de même des noyaux, que l'on tire plus proprement de la bouche avec deux doigts, que de les cracher dans la main.

Rien n'est plus désagréable à voir qu'une personne qui se salit les mains en mangeant, qui touche à la viande, aux sauces avec ses doigts, et qui ensuite les porte à sa bouche pour les lécher. Évitez ces manières dégoûtantes. Prenez garde aussi de vous trop graisser les lèvres, et ayez soin de les essuyer avec votre serviette chaque fois qu'il est nécessaire.

Ne buvez jamais la bouche pleine et sans avoir eu soin de l'essuyer auparavant; faites-en autant après avoir bu. Tenez votre verre plus près du pied que des bords, et ne le remplissez point de manière à répandre. Ne buvez ni trop lentement ni trop à la hâte, ou à diverses reprises, ou en faisant crier vos lèvres comme si vous tetiez. Que votre vue, pendant que vous buvez, n'erre point de côté et d'autre : tenez-la fixée sur votre verre.

On n'est plus dans la coutume de porter des santés avant de boire ; ce n'est plus qu'entre amis familiers, et au milieu de la gaieté des fêtes, qu'on rappelle encore cet usage ancien. Il en est un autre que l'on nomme *trinquer;* il est aussi ridicule qu'insignifiant, et n'a plus lieu que dans quelques sociétés ; cependant, quand on vous y invitera, suivez-le, car la politesse la plus vraie est de ne désobliger personne.

Pendant le repas, n'ayez point cet air avide qui ferait croire que vous allez dévorer tout ce qui est sur la table. Ne regardez point sur l'assiette de votre voisin, pour examiner s'il est mieux servi que vous. Vous ne témoignerez point non plus le désir que vous avez d'un morceau plutôt que d'un autre, à moins que celui qui sert ne vous le demande et que votre âge, votre rang ou la familiarité ne vous permettent de répondre suivant votre goût. Ne recevez rien sans remercier par une inclination de la tête et du corps.

Surtout prenez bien garde de jeter de la sauce ou quelque autre malpropreté ni sur vos voisins ni sur vous.

Enfin, la dernière chose que je vous recommande au sujet de la table, c'est de ne jamais manger ni boire au point de vous incommoder. La nature, qui a besoin de se réparer, a attaché du plaisir au manger pour nous inviter à ne point négliger ce besoin essentiel ; mais elle nous avertit, par le mal qui nous arrive, que nous devons nous arrêter dès que nous sentons le besoin apaisé. Les indigestions causent des ravages horribles dans le corps : ainsi, veillez sur votre gourmandise. Je vous engage aussi à ne jamais trop boire : le vin et les liqueurs, pris en trop grande quantité, portent le feu dans le corps, produisent des maux de tête horribles, affaiblissent la vue et même l'esprit. Vous savez que, dans le moment même de l'ivresse, l'homme ressemble à une sorte d'animal privé d'intelligence : cet état honteux devrait seul détourner de boire plus qu'il n'est nécessaire. Dans un repas où tout se trouve en abondance, où l'apprêt des mets aiguise l'appétit, et où la gaieté des convives excite à user de ce qui est devant nous, il est difficile de résister à tant de sujets de tentation réunis. Ne vous oubliez point cependant : si la raison est indulgente quelquefois, la nature ne l'est jamais ; et quand les hommes nous disent : « Il est aujourd'hui permis de se réjouir, » la nature nous punit de nos excès par les maux qu'elle nous envoie. Dailleurs, un festin est une sorte de jouissance commune ; et se conduire autrement que ne le veut la raison, c'est transformer en un spectacle désagréable une petite fête d'amis.

Comment on doit se comporter au Jeu.

L'esprit a besoin de se détendre et d'oublier un instant les choses sérieuses : c'est pour parvenir à ce but que l'on a imaginé les jeux. Ne vous y mettez donc qu'avec un visage gai et l'intention de contribuer au plaisir des autres.

Celui qui ne voit dans le jeu que le moyen de gagner de l'argent a l'âme sordide, et doit être nécessairement un mauvais joueur.

Montrez-vous, au contraire, désintéressé ; c'est pour vous amuser que vous jouez : ainsi, si vous gagnez, n'en faites point paraître une joie excessive, et ne vous fâchez pas non plus quand vous perdrez. En général, on juge mal des gens qui se laissent emporter à la bonne et à la mauvaise humeur, dans le jeu, et l'on a raison.

Il est incivil de se moquer de ceux qui ont manqué d'adresse en jouant, et il y a de la malignité à railler ceux qui perdent.

L'habitude du jeu est dangereuse : elle fait d'abord perdre le temps, et finit quelquefois par perdre la fortune: ne jouez donc que de loin en loin.

Si le choix des jeux vous est permis, préférez ceux qui donnent de l'exercice, comme la paume, la boule, le volant, etc.; ils atteignent mieux le but, qui est de distraire l'esprit, et deviennent en outre utiles à la santé. Les jeux de cartes, de dames, d'échecs, au contraire, en vous clouant sur une chaise, échauffent le corps, et, par l'attention qu'ils exigent, fatiguent l'esprit : c'est un nouveau travail. Cependant, acceptez-les sans murmure si d'autres personnes vous les proposent; car, encore une fois, il ne faut pas songer seulement à son utilité ou à son plaisir; les hommes ne se réunissent en société que pour trouver de l'agrément les uns par les autres : il faut donc que toutes les volontés se réunissent en une seule.

Vous avez vu quelquefois des gens ne se faire aucun scrupule de tromper. Si l'on joue de l'argent, tromper est alors une véritable friponnerie; si le jeu n'est que pour l'amusement, vous avez encore tort de tromper, car vous enlevez à vos adversaires, par vos ruses, le plaisir qu'ils auraient eu de gagner ; vous pouvez même les fâcher. D'ailleurs, dès qu'on s'aperçoit que quelqu'un *triche*, suivant l'expression adoptée, il n'y a plus de plaisir à jouer. Ne troublez donc point les jouissances des autres, mettez de la franchise en tout : c'est le plus agréable pour tout le monde et le plus honorable pour vous. Les gens qui vous tompent dans un jeu qui n'est pas intéressé sont de mauvais plaisants, qui s'amusent tout seuls et ennuient ceux qu'ils croient faire rire.

Manière de se comporter dans les rues.

Songez, dans les rues, à régler votre marche et vos manières, si vous ne voulez attirer sur vous les regards des passants, et leur paraître bizarre ou mal élevé.

Que votre marche soit naturelle, ni trop lente ni trop précipitée, à moins que vous ne soyez pressé.

N'affectez point de tenir la tête haute et de balancer les épaules : ce sont les signes qui annoncent un orgueilleux.

En vous *dandinant* et en traînant des pieds, vous passerez pour un paresseux qui peut à peine se porter.

Ne marchez point sur la pointe des pieds, comme si vous alliez danser. Ne courez point d'un côté à l'autre de la rue : on vous prendrait pour un fou.

Ne donnez pas à vos bras de grands mouvements, comme si c'étaient des ailes ou des avirons qui vous font avancer plus vite.

Si vous êtes à côté de quelqu'un, réglez votre pas sur le sien ; ne le gênez point en l'approchant de trop près ; ne vous en éloignez point non plus de façon à ne plus l'entendre ; veillez à vos pieds, qu'ils ne tombent pas tout à coup dans l'eau ou la boue, ce qui éclabousserait votre voisin. Cette précaution est également utile pour vous-même.

En marchant, tenez la pointe de vos pieds en dehors, ne donnez point dans les cailloux, et que vos talons ne frappent point l'un contre l'autre.

Si, dans le chemin, vous rencontrez une personne que son âge ou son air doit vous faire respecter, vous la saluerez honnêtement, sans beaucoup vous retourner vers elle, si ce n'est que vous la connaissiez particulièrement.

Il ne faut pas qu'un enfant fasse difficulté de saluer les personnes qu'il rencontre, à moins que ces rencontres ne soient trop fréquentes : honorer les autres, c'est soi-même acquérir de l'honneur. Dans les grandes villes, vu la quantité de monde qui passe à côté de nous, il ne faut saluer que ceux que l'on connaît.

Si une personne vous salue et vous arrête dans le chemin, il faut lui rendre au moins autant qu'elle vous donne, à moins qu'elle ne vous soit beaucoup inférieure par quelque côté. Dans ce cas, faitez-lui assez pour annoncer votre bienveillance envers elle et votre politesse avec tout le monde.

Il ne faut pas dire à tout le monde indistinctement : *Comment vous portez-vous?*

Cette formule ne convient qu'avec nos égaux et les personnes que nous connaissons particulièrement.

Quand vous rencontrerez une personne respectable, ou à qui vous voulez faire honneur, donnez-lui le haut bout, et retirez-vous tant soit peu au milieu de la rue : on est convenu que c'est une marque de déférence.

Il est de fort mauvaise grâce de dire à une personne : *Couvrez-vous*, *Monsieur*, à moins qu'elle ne vous soit inférieure. Avec vos égaux vous pouvez dire : *Couvrons-nous*. Cependant, si vous avez besoin de vous couvrir la tête, et que vous vous trouviez devant une personne que vous respectez, et qui reste la tête nue, vous pouvez lui dire : *Monsieur*, *j'attends vos ordres pour me couvrir*. Quand on vous a prié de vous couvrir, ne vous le faites point répéter, surtout si la personne qui vous parle demeure aussi découverte.

Tout ce que je viens de dire, mon fils, vous concerne plus que votre sœur. Cependant ses devoirs, à elle, ne sont pas moins stricts : elle doit, au contraire, s'observer davantage, dès qu'elle est en présence de tout le monde. Sa marche doit aussi être réglée et annoncer une sorte de pudeur. Ses yeux doivent être rarement levés ; ils ne doivent point, sur toutes choses, chercher le regard des hommes : c'est une indécence qui annonce plus que de l'effronterie. Qu'elle se garde bien de porter sa tête de côté et d'autre ; on la prendrait pour une folle. Qu'elle s'arrête le moins qu'elle pourra. Si quelque homme malhonnête lui adresse la parole, qu'elle passe sans prendre garde s'il a parlé ou non. En général, la conduite d'une femme doit être plus réservée que celle d'un homme.

Comme elle est entourée de plus de piéges, elle doit porter partout une sorte de méfiance. On la juge sévèrement : c'est encore une raison de plus pour qu'elle ne l'oublie jamais.

DOUZIÈME ENTRETIEN

De ce que les hommes doivent par civilité aux dames.

Les rapports qui existent entre les deux sexes mettent quelque différence dans la manière de se conduire l'un à l'égard de l'autre. Les hommes doivent avoir un respect plus marqué, une complaisance plus attentive pour les femmes que pour les personnes de leur sexe.

Ce que je vous dis ici, mon fils, n'est guère que pour un autre âge : mais il n'est jamais inutile de jeter un bon principe dans un cœur où il ne doit pas encore germer. Écoutez-moi donc.

Quand vous serez dans une compagnie où se trouveront des dames, ayez pour elles toutes sortes d'égards; la faiblesse de leur constitution doit seule vous engager à les dispenser d'autant de peine qu'il vous sera possible. Ce que vous ne feriez pas pour un homme, faites-le avec plaisir pour une femme. Cédez-leur la place la plus commode et la plus honorable. Dans un repas, ne souffrez jamais que l'on vous serve avant elles. S'il s'agit de jeux, consultez-les; qu'elles choisissent, et suivez leurs désirs, si cela n'est point contre votre état, votre âge ou votre santé : car, en vous disant de condescendre aux désirs des dames, je suppose qu'elles n'en ont que de raisonnables. S'il se trouvait dans la société quelque écervelée, quelque capricieuse qui exigeât des choses indiscrètes, refusez très-honnêtement, mais avec fermeté : il serait trop cruel d'être, par politesse, victime d'une folle qui ne mériterait alors que la pitié.

Surtout, mon fils, que vos discours soient chastes devant les femmes. Mille mauvais plaisants croient qu'il est fort agréable de dire des choses déshonnêtes dans une compagnie : ces sortes d'amusements grossiers blessent toujours les personnes qui ont de la pudeur. Je sais que quelques-uns ont l'art de voiler leurs paroles; mais, de quelque manière que l'on s'y prenne, on a toujours tort; on montre une âme peu délicate, une imagination obscène, et l'on donne de soi une opinion qui n'est point avantageuse. Respectez les femmes, parce qu'il importe aux bonnes mœurs qu'elles se respectent elles-mêmes. Si tout le monde se permettait de pareilles licences, que serait la conversation? Un véritable libertinage, et d'autant plus dangereux qu'on y apporterait plus d'esprit.

Vous, mon ami, montrez-vous gai, aimable, même galant, mais rien de plus; soyez honnête homme jusque dans vos badinages, et que jamais le père de famille ne craigne de vous admettre dans sa maison.

Si parfois elles se mettent à quelque jeu qui demande de l'exercice, ménagez leur délicatesse : ce qui ne serait qu'une petite gentillesse, une plaisanterie avec un homme, deviendrait une grossièreté à leur égard. Que vos attouchements soient décents, comme vos paroles; j'insiste sur ce point-là, mes enfants, et pour cause : vous trouverez beaucoup de gens qui ne s'en mettent guère en peine, et je ne veux point que le mauvais exemple vous gagne. Pour vous en préserver, souvenez-vous toujours que la société n'est agréable qu'autant que l'honnêteté y règne.

De la manière dont les jeunes personnes doivent se conduire dans la société à l'égard des hommes.

C'est particulièrement à vous, ma fille, que la décence est essentielle. Je vous l'ai déjà dit, on juge une femme sévèrement ; c'est pour cette raison qu'elle ne doit rien se permettre à la légère.

Les regards annoncent volontiers ce qui se passe dans le cœur : donnez donc au vôtre l'expression de la modestie, et, pour mieux réussir, soyez modeste ; en effet, un regard hardi, dans une femme, est une chose qui répugne. Surtout ne recherchez point celui des hommes : cette habitude ne vient que de la dépravation du cœur ; et si, par hasard, une simple inconséquence vous la fait imiter, on vous confondra avec celles dont les mœurs ont déjà quelque chose de corrompu.

S'il est bon, pour la civilisation de la société, que les hommes et les femmes se réunissent, il est aussi très-utile, pour les mœurs, que cette fréquentation ne soit pas trop intime. Ne fuyez donc pas avec affectation leur compagnie, comme fait une prude; mais ne la recherchez pas trop non plus; préférez celle des personnes de votre sexe.

Vous devez, même au milieu des jeux, être réservé : ce n'est que par cette modeste réserve que vous vous ferez respecter, et que les gens sans mœurs craindront de dire ou de faire quelque chose qui vous outrage. Si quelqu'un croit pouvoir se permettre quelque liberté avec vous, la sévérité de votre regard doit le rappeler aussitôt à la décence. N'ayez jamais l'air de rire de ce qui n'est pas honnête; car vous vous feriez bientôt mépriser au point que l'on vous manquerait, avec la certitude que vous êtes déjà assez méprisable pour n'avoir pas le droit de vous plaindre. Si l'on dit quelques paroles à double sens devant vous, ne paraissez jamais les avoir comprises ; il ne faut ni vous fâcher ni en rire ; si les propos sont indécents sans équivoque, retirez-vous si vous le pouvez ; autrement, que votre air froid marque le mépris que vous faites de pareils discours, qui ne peuvent jamais sortir que de la bouche de gens malhonnêtes ou sans éducation.

J'ai dit tout à l'heure que les hommes doivent être complaisants avec les femmes ; mais ce n'est point une raison pour qu'une femme se permette d'abuser de cette complaisance : il n'y a jamais qu'une coquette ou une capricieuse qui agisse ainsi. Une femme honnête et raisonnable reçoit avec modestie les attentions qu'on a pour elle : mais elle fait en sorte de ne point devenir l'occupation continuelle des hommes.

Dans la conversation ne cherchez point trop à briller. On est satisfait de trouver une femme instruite ; mais, dès qu'elle veut amener tout le monde à son sentiment, ou qu'elle prend plaisir à faire étalage de sa science, elle devient insupportable, et est rangée dans la classe des pédantes. Parlez sans prétention. Les hommes sont injustes : la présence d'une femme savante blesse leur orgueil. Ayez pitié de leur faiblesse, et faites, à force de modestie, pardonner votre science si vous en avez. Je dois vous citer ici l'exemple de madame *Dacier*, la femme la plus savante de son temps. Un seigneur allemand, qui, dans ses voyages, se plaisait à visiter les personnes du premier mérite, pria madame Dacier d'écrire son nom sur un petit livret qu'il portait. Après s'en être défendue quelque temps, cette femme respectable écrivit son nom, et mit à la suite un vers de Sophocle, dont le sens est que *le silence est le plus bel ornement des femmes*. Voilà votre modèle, ma fille.

Si, au contraire, vous avez peu d'instruction, c'est alors qu'il vous convient encore plus de vous taire : écoutez, ce rôle est facile, et fait quelquefois plaisir aux autres. N'amenez point la conversation, comme font tant de femmes sans esprit et sans connaissance, sur une robe, une coiffure, ou toute autre partie de la toilette : c'est là le plus sot de tous les entretiens, et celui que les hommes méprisent le plus.

Les femmes ont un très-grand défaut : c'est de s'examiner mutuellement, de passer en revue tout leur ajustement, et ensuite de se critiquer sans pitié. Cette jalousie a quelque chose de bas et de misérable; gardez-vous-en bien, ma fille : la critique que vous feriez des autres ne vous ferait paraître ni plus belle ni vêtue avec plus d'élégance; vous seriez seulement parvenue à donner une mauvaise idée de votre cœur.

TREIZIÈME ET DERNIER ENTRETIEN

Ne choquer qui que ce soit dans sa croyance religieuse.

Mes enfants, vous vivez dans un temps et dans un pays où la liberté, en matière de religion, est permise. Imitez la sagesse de la loi, qui laisse chacun adorer Dieu suivant sa conscience. Voyez dans tous les hommes vos frères, sans vous inquiéter quelle religion ils suivent.

Craignez surtout de vous accoutumer, à l'exemple des fanatiques, à voir, dans un homme d'une autre religion que la vôtre, un misérable que Dieu a réprouvé et déjà condamné : c'est là un sentiment funeste à la société, qui ne peut partir que d'un mauvais principe, et qui, par conséquent, est condamnable devant Dieu, auteur de toute justice.

Si vous vous trouvez dans une compagnie composée de personnes de plusieurs religions, évitez d'amener la conversation sur celle que vous suivez : ce serait vouloir faire de la peine aux autres, ou vous en attirer à vous-même.

Cependant, si l'on vous oblige à dire votre sentiment, ne le dissimulez point ; mais parlez de manière à ne point blesser ceux qui sont d'un sentiment différent. Au surplus, la religion a pour but de porter tous les hommes à adorer Dieu, et l'on doit, autant qu'il est possible, n'en point faire un sujet de dispute. Celui qui, pieux avec sincérité, ne fait de mal à personne, a toujours une bonne religion. Laissons à Dieu lui-même le soin de juger les hommes à cet égard, et gardons-nous bien de prendre nos passions pour de saintes inspirations, comme font les personnes peu éclairées et d'un zèle mal entendu. *Souffrons*, dit Fénelon, *ce que Dieu veut bien souffrir;* cette maxime est aussi sage que pleine d'humanité : je la confie à votre cœur, mes enfants, qu'elle n'en sorte jamais.

Du coucher.

Nous avons vu à peu près toutes les circonstances où, dans le cours d'une journée, on doit mettre en pratique les règles de la civilité ; pour le reste, mes enfants, imitez les personnes qui à l'honnêteté des principes joignent l'usage du monde, et cette véritable politesse qui a pour but d'obliger et de plaire.

Quant au coucher, si vous êtes les maîtres, que ce ne soit point trop avant dans la nuit. Se coucher de bonne heure et se lever matin est le meilleur pour la santé, et nous offre plus de temps pour nous livrer à nos affaires.

Avant de se retirer dans une chambre, un enfant bien né doit remplir ses devoirs à l'égard de ses parents et de ses supérieurs.

Il ne doit point se mettre au lit sans avoir adoré Dieu, et lui avoir adressé ses actions de grâces pour tous les bienfaits qu'il en a reçus dans la journée.

Que la manière d'ôter vos habits soit décente, comme celle de les mettre : rangez-les avec soin, afin de les trouver facilement et à votre portée le lendemain : l'ordre est utile en tout, et épargne beaucoup de temps.

Avant de vous endormir, repassez dans votre esprit ce qui vous a occupé dans le cours de la journée ; voyez si vous avez fait quelque action utile, si vous avez rempli vos devoirs ; jetez un coup d'œil sur la journée du lendemain, et promettez-vous de mieux faire, si vous n'êtes pas satisfait de l'emploi du jour qui vient de s'écouler. Songez que le temps fuit pour ne jamais revenir ; que vous vieillissez à chaque instant, et que les heures perdues sont autant de moins dans le cours de votre existence.

Cette réflexion est terrible ; et, si on la conservait plus soigneusement dans sa mémoire, on serait plus avare des moments.

Voilà, mes enfants, ce qu'il est essentiel que vous sachiez et que vous pratiquiez pour bien remplir vos devoirs d'homme. Je me résume en peu de mots.

Rendez le bien qu'on vous a fait, et vous serez d'*honnêtes gens*.

Faites le bien sans intérêt, et vous serez *vertueux*.

Portez dans la société une attention obligeante pour les autres, et vous serez *polis*.

Enfin, réunissez ces trois choses, et vous serez des *personnes accomplies*.

Pour moi, j'ai rempli un des points de la morale ; je vous ai transmis ces leçons que j'ai reçues de mes respectables parents. Un jour, si Dieu le permet, vous tiendrez la place que j'occupe aujourd'hui. Rendez alors à vos enfants ce que je viens de vous donner ; c'est un devoir sacré pour vous, et c'est ainsi que les bons principes se propagent et se maintiennent parmi les hommes.

FIN.

TABLE DES MATIÈRES

DEUXIÈME PARTIE.

TROISIÈME PARTIE.

FIN DE LA TABLE.

Corbeil. — Typ. et stér. de Crété fils.

www.ingramcontent.com/pod-product-compliance
Ingram Content Group UK Ltd.
Pitfield, Milton Keynes, MK11 3LW, UK
UKHW012210240726
13966UKWH00002B/691